Desayunos Sen, de Nuria Roura.

1ª edición Marzo 2017

Copyright © 2017 by Nuria Roura
All Rights Reserved

Copyright © 2017 by Ediciones Urano, S.A.U.
Aribau, 142, pral. – 08036 Barcelona
www.edicionesurano.com

Diseño: Laura Hoet

Fotografías de Becky Lawton, (www.beckylawton.com)

ISBN: 978-84-7953-975-7
E-ISBN: 978-84-16715-91-6
Depósito legal: B-259-2017

Fotocomposición: Ediciones Urano, S.A.U.

Impreso por: LIBERDÚPLEX
Ctra. BV 2249 Km 7,4 – Polígono Industrial Torrentfondo
08791 Sant Llorenç d'Hortons (Barcelona)

Impreso en España – *Printed in Spain*

28 RECETAS
Un plan completo para 4 semanas

Desayunos

SEN

Recetas Saludables, Energéticas y Nutritivas para empezar el día

COOKED
- BY URANO -

Argentina - Chile - Colombia - España
Estados Unidos - México - Perú - Uruguay - Venezuela

Después de escribir mi primer libro, *Detox SEN para estar sanos por dentro y bellos por fuera*, en el que daba pautas de cómo seguir un estilo de vida libre de toxinas, potenciando los alimentos que más nos benefician y eliminando aquellos que nos perjudican, tenía ganas de aportar otro granito de arena y escribir un libro con recetas Saludables, Energéticas y Nutritivas.

Con el deseo de mantener la lógica y la coherencia que he seguido siempre en los procesos de *coaching* y acompañamiento de salud a mis clientes, el libro de recetas que he decidido escribir trata de los desayunos. Y he decidido hacerlo de desayunos por varias razones muy importantes.

Cuando nos planteamos hacer un cambio de hábitos y mejorar nuestra alimentación, muy a menudo nos sentimos abrumados, pues solemos recibir mucha información y recomendaciones de todo tipo. Todos estos consejos, artículos y recetas diciéndonos las cosas que tenemos que cambiar lo único que hacen es estresarnos más, porque nos damos cuenta de que no tenemos tiempo ni capacidad emocional y mental para sostener todos los cambios. Al estresarnos, nos bloqueamos y tiramos la toalla. Cuando estudié *coaching* de salud me explicaron que nunca debía dar al cliente más de dos recomendaciones por sesión. Era una forma de que el cliente no se estresara y sí disfrutara de los cambios que iba haciendo; tomara más conciencia de lo que estaba haciendo y, de resultas, se diera cuenta de lo que realmente le convenía más.

Yo entiendo que el cambio de hábitos es una opción que escogemos, no una obligación. Así que tenemos que disfrutar del proceso. Por ello decidí que a mis clientes les aconsejaría empezar por cambiar sólo el desayuno, como si fuera un experimento y un juego divertido. La idea es que la persona desayune cada día durante unas dos semanas, aproximadamente, una propuesta saludable que le entregamos en la consulta, y anote en un diario de alimentos cómo se ha sentido antes y después de la ingesta a nivel físico y emocional, si le ha gustado, si le ha saciado o le ha dejado con hambre, etc.

Todo ello con la finalidad de que tome conciencia de qué es realmente lo que le hace sentir mejor en todos los aspectos.

Y mejor el desayuno que la comida o la cena porque suele ser un momento del día que nos implica sólo a nosotros, que habitualmente no compartimos con la pareja ni los compañeros de trabajo o los hijos. Desayunamos, por lo general, y si no seguro que lo podemos hacer, en casa. Puede que incluso nadie nos vea ni sepa qué desayunamos. Así que, para las personas a las que al principio les cuesta tener que aguantar los comentarios de quienes les rodean, es ideal hacer cambios en un momento en el que están a solas.

Por otra parte, cuando cambiamos el desayuno habitual poco saludable por uno energético y nutritivo, rápidamente notamos los beneficios: buenas digestiones, muchísima energía mantenida durante toda la mañana, mejor estado de ánimo… Y, muy importante, un buen desayuno nos mantiene con la fuerza de voluntad y la motivación de seguir el resto del día comiendo saludable. En cambio, cuando empezamos el día con alimentos que nos dan energía falsa, atiborrados de azúcar, o con excitantes o hidratos de carbono refinados, estamos condenados a pasarnos el día en un sube y baja de energía, de glucosa en sangre inestable y de estrés físico que nos hace desestabilizar el comportamiento con la comida y que recurramos durante todo el día a falsos alimentos que nos vuelvan a dar falsa energía cuando ésta haya bajado bruscamente.

Así que la idea es empezar el cambio de hábitos y de alimentación por los desayunos. Y que, sólo cuando tengamos este momento del día «solucionado», pasemos a cambiar las comidas y/o las cenas, dependiendo de cada persona y teniendo en cuenta de nuevo qué momento del día es el más adecuado para ella. Es decir, qué es lo que resulta más fácil cambiar sin que «implique» en nada a otras personas. Lo bueno de hacerlo así es que nos mostraremos a los otros cuando nosotros ya estemos estables con nuestros nuevos hábitos, contentos, sin dudas y sin agobios. Y ese estado es lo que transmitiremos a las personas que nos rodean. De esta manera será más fácil crear un ejemplo y un espejo a los demás para que el estilo de vida saludable sea también atractivo para ellos. Y sin obligar a nadie, y sin que sea éste nuestro objetivo, conseguiremos que la revolución saludable se extienda cada vez más, empezando cada uno con nuestro entorno.

Como decían en la escuela donde estudié: «*Our mission is to play a crucial role in improving health and happiness, and through that process, create a ripple effect that transforms the world*». Es decir: «Nuestra misión es desempeñar un papel crucial en mejorar la salud y la felicidad, y, a través de este proceso, crear un efecto dominó que transforme el mundo».

Además, con este libro deseo enseñar que es posible elaborar recetas veganas, sin gluten y sin ningún tipo de azúcar (excepto la stevia y la fruta), fáciles de preparar, con una combinación de alimentos que favorezca las digestiones fáciles y, por supuesto, agradables a la vista y deliciosas al paladar. Muy a menudo encuentro por las redes sociales recetas muy atractivas pero que requieren mucho tiempo de preparación y/o en las que, para que se vean visualmente muy bonitas, hacen unas mezclas de ingredientes que no favorecen en absoluto las buenas digestiones. Si las consumiéramos a diario, notaríamos gases, ardor, hinchazón y falta de energía.

Al ser yo una persona que valora muchísimo que las cosas sean prácticas, he escrito este libro teniendo en cuenta este aporte de valor que me caracteriza. Así que a continuación encontrarás una receta de desayuno ¡para cada día de la semana durante cuatro semanas! ¿Por qué y para qué así? En un principio pensé en hacer un libro con 21 recetas, por eso que dicen de que tardamos 21 días en hacer un cambio de hábitos. Pero luego pensé que el libro se quedaba corto y me animé a añadir más recetas, de manera que pudieras despreocuparte de pensar qué desayunar durante cuatro semanas. Pero no solo eso. Verás que cada receta te permitirá hacer tus propias variaciones, con lo que puedes empezar cada mes por el principio del libro y cambiar la fruta, o la semilla, o la verdura de hoja verde o lo que te apetezca en cada momento.

Para hacer tus propias versiones de las recetas sin miedo a equivocarte en los alimentos que añades o eliminas, te explico algún consejo relacionado con esto, como, por ejemplo: «En una receta con plátano, dátil y mango, puedes cambiar el mango por papaya pero no por kiwi, para no combinar frutas muy dulces, como el plátano y el dátil, con frutas ácidas, como el kiwi».

Además, cada receta viene acompañada de una recomendación para incorporar algún hábito saludable o librarte de alguno considerado tóxico, ya sea a nivel de alimentación, emociones, mental, espiritual o del hogar. No tienes por qué incorporar todos los hábitos, ipor supuesto que no! Haz los que más te apetezcan y te resuenen. No tienes que rendir cuentas con nadie, ni tienes por qué hacer nada por obligación. Déjate sentir. Aprovecha para reconocer qué es lo que te apetece y qué no; es una forma de indagar en tu autoconocimiento. Sin saber quién eres, qué quieres y qué deseas, te resultaría muy difícil hacer el cambio de hábitos y de estilo de vida profundo y progresivo que te propongo a través de este libro. Si el consejo que te doy en el primer desayuno te resuena, aplícatelo hasta que, si te hace sentir bien, lo tengas integrado como parte de ti. Si te molesta hacerlo busca otro, ya sea el del segundo día o el de cualquier otro. Lo mismo con las recetas. No hace falta que sigas el orden propuesto en el libro, ni tan siquiera que cada día cambies de receta para seguirlo al pie de la letra. Si llegas a una receta que te gusta mucho, puedes repetirla el tiempo que quieras, probar diferentes versiones de la misma y, cuando estés lista o con ganas de probar otra, adelante. Piensa que todas las recetas que te propongo en este libro son Saludables, Energéticas y Nutritivas como para poder comerlas cada día. Ya irás conociendo tus necesidades bioindividuales y tus preferencias. Quizás alguna receta te guste mucho pero no para tu desayuno diario. No pasa nada. Ya la tienes para prepararla en el momento y día que te guste. Por ejemplo, la receta de batido de plátano y cacao la puedes preparar por la tarde si haces deporte, o algún día al mediodía si no tienes tiempo para comer, o dejarla para el fin de semana.

O las recetas más elaboradas de los desayunos del domingo las puedes preparar otro día si resulta que trabajas en fin de semana. Me refiero con todo esto a que este libro y la alimentación saludable es algo flexible.

Se trata de aprender a escucharnos en cada momento para detectar qué es lo que realmente necesitamos. Y recordar que siempre debemos priorizar lo que es mejor para nosotros en cada instante. De nuevo, la clave está en el AUTOCONOCIMIENTO y la toma de CONCIENCIA.

Por otra parte, te invito a que no te olvides del diario de alimentos que encontrarás en mi primer libro. Anotar en el diario de alimentos lo que has comido y cómo te has sentido antes y después de comer a nivel físico y emocional, por una parte, te ayudará a saber detectar cuál de los desayunos te sienta mejor, es decir, te da energía, lo digieres bien y lo disfrutas. Y, por otra, te permitirá observar cómo, dependiendo de tu estado emocional, te apetece más un tipo de desayuno u otro. Es normal que cuando sufras estrés te tiente más algo crujiente o los alimentos más dulces, el aguacate, las semillas o los frutos secos… Ya verás qué interesante es ser capaz de darse cuenta de esto y «jugar» con esta información personal, para proporcionarte en cada momento el equilibrio justo entre lo que te apetece emocional y físicamente.

Los beneficios de un desayuno SEN

Un desayuno Saludable, Energético y Nutritivo tiene, en mi opinión, muchos beneficios que son increíbles por su poder transformador en el cambio de hábitos y en la inmersión en un estilo de vida saludable.

Hace tiempo que me di cuenta de que terminamos el día igual que lo empezamos. O al menos es así la mayoría de las veces. Y sé que no es algo que me ocurre sólo a mí: he visitado a muchos clientes a quienes les pasa lo mismo. Me explico. Si empezamos el día estresados, corriendo, con la sensación de que no llegamos a hacer lo que debemos y agobiados por las tareas que tenemos por delante, terminaremos el día agotados física, mental y emocionalmente, con dolores en alguna parte de nuestro cuerpo y con la sensación de no ser felices con nuestra vida. Con la comida nos ocurre lo mismo. Si empezamos el día sin desayunar o comiendo cualquier cosa sin prestarle atención, lo más probable es que el resto de las comidas del día sigan el mismo patrón. Además, es un pez que se muerde la cola, porque si nos levantamos estresados desayunaremos algo perjudicial, pero es que si desayunamos de manera inadecuada seguro que nos afectará a nuestra actitud frente a lo que nos ocurra durante el día.

Somos lo que comemos, pero también comemos según lo que somos. Comer alimentos procesados y refinados, azúcares, lácteos, café, bollería, etcétera, nos hará estar de mal humor, apáticos, sin energía, desvitalizados, tristes o deprimidos. Pero es que, si estamos estresados, o si tenemos relaciones con los otros y con nosotros mismos insatisfactorias, o si seguimos en un trabajo sin saber cuál es nuestro propósito o somos sedentarios, nos apetecerá comer alimentos con poca vibración y con la misma baja energía en la que nos encontramos.

Así que, si empezamos el día con un poquito de margen para regalarnos un desayuno comido con tranquilidad y amor, el resto del día nos apetecerá seguir disfrutando de platos que estén en la misma sintonía. Nos alineamos. Y cuando hayas leído las recetas de este libro verás que no hay excusa, porque la mayoría de ellas (o todas) se pueden dejar preparadas o bien la noche anterior, como un batido verde o un porridge; o se puede hacer la receta un día y tener para varias veces, como las bolitas de cacao, el queso vegano para untar o los muffins de zanahoria; o se puede dejar una parte lista para luego añadirle los toppings, como en el caso de los batidos verdes en un bol, los pudines de chía o las tostadas de pan sin gluten, por ejemplo.

Por otra parte, cambiar primero el desayuno en un proceso de transformación tiene la ventaja de que nos permite ser rápidamente conscientes de la gran diferencia que hay entre comer algo «muerto» o sin vida, como el café, el pan blanco, los embutidos, el azúcar o cualquier falso alimento procesado, refinado e industrializado, y desayunar alimentos vivos, reales, naturales, integrales, sin refinar, sin procesamientos industriales, sin azúcares añadidos ni la falsa energía de los excitantes. A los pocos días de comer desayunos Saludables, Energéticos y Nutritivos, sentirás que tienes mucha más energía, claridad mental, alegría, buen humor, creatividad, agilidad y focalización para llevar a cabo tus objetivos. Además, disfrutarás de digestiones ligeras, te deshincharás, mejorará el aspecto de tu cara y de tu piel, irás mejor de vientre y quizás hasta pierdas peso si lo necesitas.

Siempre propongo, además, cambiar primero los desayunos porque normalmente es una comida que hacemos solos sin implicar al resto de los miembros de la familia o a los compañeros de piso. Esto es muy importante, porque nunca debemos imponer nuestro cambio de hábitos a nadie que nos rodee. Cada uno tenemos nuestro momento y nuestro camino. «Sé el cambio que quieres ver en el mundo» es algo que se tiene que aplicar a pequeña escala. Si deseas hacer un cambio y que tu pareja o hijos te sigan, lo mejor que puedes hacer es primero hacerlo tú y ser un espejo, una luz en su camino, como un faro que los ilumine y los guíe. Pero en ningún caso debes imponerlo. Aunque veas que tu pareja o tus hijos están comiendo de una manera que les perjudica –e incluso que pone en peligro seriamente su salud–, céntrate sólo en ti. Sé que ahora te puede parecer difícil porque tú ya has tomado conciencia de la importancia de comer saludable, pero ¡ellos aún no! ¿Verdad que nadie te ha obligado a ti a hacerlo, a comprar este libro, a querer probar las recetas y a sentir este cambio dentro de ti? Pues a ellos tampoco les puede obligar nadie.

Yo hace años vivía peleada con esto. Veía enfermar a mi padre y cómo se perjudicaba su salud a diario e intentaba obligarle a comer ensaladas, verduras, cremas, frutos secos… Pero ¡él nunca ha querido! Yo me enfadaba con él por no cuidarse porque tenía miedo a perderlo, y él se enfadaba conmigo cuando le obligaba a comer según qué cosas que no le apetecían. Otras veces conseguía que, durante un tiempo, me hiciera caso y comiera ensaladas, verdura y fruta, pero a los pocos días «la cabra tiraba para el monte». Hasta que un día me di cuenta de que él nunca se metía con lo que yo comía o dejaba de comer. Él vive y me deja vivir.

Otro beneficio que me gusta de comer un desayuno saludable
es que me permite disfrutar de los sabores de ciertos alimentos en el mejor
momento del día para ello. Por ejemplo, me encantan los batidos verdes
y también los que se sirven en un bol con fruta, semillas, frutos secos…
Si no me los comiera en el desayuno, me los perdería, porque para el almuerzo
a mí lo que me apetece es comer un plato salado, como verduras con algún
tipo de legumbre o cereal, por ejemplo. Y por la noche no cambiaría por nada
mis ensaladas templadas. No soy una persona de merendar, y, además,
como los batidos me dan tanta energía prefiero no comerlos por la noche.
Así que si desayunara otra cosa no podría comer este superdesayuno verde
en ningún otro momento del día y lo echaría mucho de menos. De hecho,
alguna vez que no tomo mi batido verde porque me despierto sin hambre
(algo que ocurre puntualmente si he cenado tarde en algún restaurante),
luego estoy deseando que llegue el día siguiente para disfrutar de mi
superdesayuno. Y lo mismo ocurre con la mayoría de los desayunos del libro.

¿Cuál es el mejor momento del día para comer unas galletas crudiveganas, un zumo verde, un pudín de chía, un yogur vegano, una granola casera o un crep de teff? Aunque repito que cada persona es diferente. Puede que por tu bioindividualidad seas una persona que necesita sólo un zumo durante la mañana, o que meriendes y puedas hacer alguno de los desayunos por la tarde, o que hagas turno de noche y tengas los horarios de las comidas cambiados… Así que ajusta las recetas de manera lógica e inteligente a tu estilo de vida y necesidades únicas.

Comer desayunos saludables tiene otro beneficio que estoy segura que no habías pensado. Te permite ser muy creativo y desarrollar tus capacidades culinarias. No te puedes ni imaginar la cantidad de variaciones que puedes hacer a todas las recetas que encontrarás en este libro. ¡Muchísimas! Y lo bueno es que desarrollar esta parte del cerebro a través de la creación de desayunos no se quedará aplicada sólo a esto: verás cómo empezarás a visualizar tus propias recetas de comidas, cenas y meriendas, pero rápidamente lo trasladarás a tu trabajo y a tu vida en general. Además, como tendrás más claridad mental, energía y buen humor, poco a poco irán fluyendo muchos otros cambios que ahora no eres capaz de ver o desatascarás enredos de tu vida de una forma creativa, original y decidida.

Menú semanal

semana 1

Batido verde

Un batido verde es un desayuno completo excelente.
Es una manera perfecta de comer hidratos de carbono, proteína y grasa de
calidad en un formato muy fácil de digerir, dependiendo, por supuesto,
de qué ingredientes le añadamos. Es decir, no es lo mismo un batido verde
que sólo lleve sandía, agua y menta que un batido como el de esta receta,
que lleva uvas, acelgas, lechuga, semillas de lino, cúrcuma y jengibre.
Un batido con una buena cantidad de verdura de hoja verde nos aporta
alcalinidad, ácidos grasos esenciales, enzimas, micronutrientes (vitaminas y
minerales), fitoquímicos, fibra y mucha energía de crecimiento y activación.

LO IMPORTANTE QUE DEBES SABER AL PREPARARTE BATIDOS

La proporción entre fruta y verdura debe ser: 20% de fruta y 80% de verdura.

La verdura sólo debe ser de hoja verde: acelgas, espinacas, canónigos, lechuga, rúcula, hojas de remolacha, hojas de zanahoria o apio.

No mezclar frutas muy dulces (plátanos, dátiles, pasas, higos) con fruta muy ácida (kiwis, fresas, limón).

Si usas alguna bebida vegetal y la compras en el supermercado, debes fijarte que no lleve azúcares añadidos ni otros ingredientes (en otras recetas te enseño a preparar tu propia bebida vegetal).

El mejor utensilio para preparar el batido verde es una batidora potente de más de 750 vatios (la thermomix hace bien esta función).

El agua que uses como base tiene que ser de calidad. Puedes sustituir el agua por agua de coco o rejuvelac (encuentras la receta en mi primer libro) o alguna bebida vegetal, por ejemplo.

Para endulzar el batido puedes usar stevia ecológica de calidad en formato de hojas frescas, secas o liofilizada en polvo.

Los dátiles y pasas son una alternativa para endulzar si la fruta del batido no es muy ácida.

Puedes añadir superalimentos a los batidos: jengibre, cúrcuma, hierba de trigo, chlorella, espirulina, maca… Con poca cantidad es suficiente y escoge aquel que desde un punto de vista nutritivo te aporte lo que necesitas.

Si usas fruta congelada o dos cubitos de hielo, el batido quedará mucho más cremoso; pero si tienes un sistema digestivo con falta de llama (calor/fuego), no es aconsejable.

La cantidad de líquido que uses hará que el batido quede más o menos espeso. Ajusta y encuentra cómo te gusta más.

Medita y regálate cada día un tiempo de silencio sólo para ti. Aunque ahora no lo sientas, sí lo necesitas y rápidamente agradecerás este momento.

Si lo practicas a primera hora de la mañana, poniendo el despertador diez minutos antes de lo habitual para poderte regalar este tiempo para ti, notarás cómo es más difícil que las preocupaciones del día alteren tu estado de ánimo, y al conectar además con tu esencia tomarás mejores decisiones y te sentirás más alineado en lo que quieres para ti en todo momento.

En todo cambio de hábitos es indispensable que haya una toma de conciencia y autoconocimiento, muy difícil por otra parte de alcanzar sin dedicarnos un momento del día a parar, silenciar y conectar hacia dentro.

Batido verde de uvas, acelgas y lechuga

Este batido verde es muy dulce gracias a las uvas,
así que es una buena manera de introducirte al consumo
de estas bebidas, porque no vas a notar para nada
el sabor de las verduras de hoja verde.
Es importante que lo elabores con una batidora potente,
ya que así se triturarán mejor las pepitas de las uvas.

INGREDIENTES

250 g de uvas rojas *

100 g de acelgas *

100 g de lechuga *

1 cucharada de semillas de lino *

1 cucharadita de cúrcuma en polvo *

1 cucharadita de jengibre en polvo *

200 ml de agua de calidad (filtrada) *

PREPARACIÓN

* Batir todos los ingredientes.

* Ajustar la cantidad de agua si deseas
  que el batido quede más líquido.

Pudín

Este desayuno es superfácil de preparar, es delicioso y sacia muchísimo. ¡Para hacer un pudín de chía dejamos en remojo chía con bebida vegetal toda la noche. Los otros ingredientes de la base son opcionales y se pueden ir cambiando. La cantidad y proporción de chía y bebida vegetal hará que quede más o menos denso. Si te gustara más líquido deberías o disminuir la cantidad de semillas de chía o aumentar la cantidad de bebida vegetal.

PUEDES AÑADIR FRUTA FRESCA O DESHIDRATADA

Podrías hacer variaciones en la manera de elaborar el pudín de chía. Por ejemplo, podrías batir la bebida vegetal con alguna fruta y la bebida resultante mezclarla con las semillas de chía. Otra opción sería batir la bebida vegetal –con o sin fruta añadida– y las semillas de chía y dejarlo reposar en la nevera.

Como toppings de los pudines de chía puedes añadir fruta fresca o deshidratada, semillas, frutos secos, coco rallado o en virutas, granola casera, aguacate troceado, mermelada, compota de manzana o pera, o incluso, si no le añades fruta podrías ponerle trigo sarraceno germinado, por ejemplo.

Otra opción para hacer las bebidas vegetales es hacer todo el proceso con la chufamix o en un extractor de zumos. Para hacerlo en el extractor hay que poner 170 g de almendras crudas, sin piel y sin tostar en remojo toda la noche con 3 tazas de agua fría de calidad.

Por la mañana se enjuagan, se ponen en un recipiente junto con 3 o 4 tazas de agua de calidad y, con la ayuda de un cucharón de sopa, se vierte agua con almendras poco a poco en el orificio del extractor. Con la pula de las almendras puedes hacer trufas crudiveganas, galletas, como base en un yogurt, para quesos veganos o algún paté vegetal, por ejemplo.

Ah, y un consejo, si quieres dar sabor a la bebida vegetal añadiendo especias en polvo o superalimentos, como por ejemplo, canela, cardamomo, vainilla, jengibre, cúrcuma, anís, estevia liofilizada, cacao o algarroba, no lo hagas a toda la bebida y así podrás «personalizarla» a cada momento dependiendo de la receta que vayas a preparar.

Practica la gratitud a diario. Es nuestro mejor aliado para ser felices. Mi recomendación es que tengas una libreta sólo para esto. Cada noche, cuando ya estés en la cama, escribe tres cosas por las que estás agradecido. Tuve una clienta que se creó una «jarra de la gratitud» y lo que hacía era escribir las tres cosas en un papel y lo dejaba dentro de la jarra. Cuando terminaba el mes abría la jarra y releía los papeles. Luego los guardaba en otro recipiente grande y empezaba de nuevo el mes con el mismo ritual. Otra práctica de gratitud que antes se hacía de forma natural y que podrías hacer es agradecer cada comida justo antes de empezar.

Pudin de chía con «chocolate blanco» y frutas del bosque

Las semillas de chía se asimilan correctamente si las remojamos o si las trituramos. Son demasiado pequeñas para aprovecharlas si no las trituramos o hacemos que se hinchen y saquen sus mucílagos después de estar en remojo con algún líquido.

INGREDIENTES

4 cucharadas de semillas de chía *

200 ml de bebida de anacardos* *

2 cucharadas de polvo de mezquite *

1 cucharada de canela *

Para el topping *

Arándanos *

Moras *

Nueces troceadas *

PREPARACIÓN

* Mezclar todos los ingredientes de la base en un bol o recipiente.

* Dejar reposar toda la noche en la nevera.

* Por la mañana añadir los toppings, ajustando la cantidad de fruta y nueces según el hambre. Se puede poner cualquier tipo de fruta fresca o deshidratada sin azúcar y cualquier fruto seco o semilla.

*Para la bebida de anacardos

* Dejar una taza de anacardos en remojo toda la noche con agua de calidad.

* Por la mañana, eliminar el agua, enjuagar y en una batidora poner los anacardos y 4 tazas de agua de calidad (o 3 si la queremos más espesa). Es una bebida vegetal que no necesita ser filtrada.

Granola

Normalmente hablamos de bebidas vegetales elaboradas a base de cereal, semillas o frutos secos. Para esta receta no usamos nada de esto; será una bebida elaborada sólo con fruta, concretamente con plátano y dátil.
Es una receta que vi hace tiempo a una youtuber que se llama Rawvana y me encantó porque ¡es tan fácil de preparar que parece imposible! Basta con batir un plátano con un dátil y agua de calidad, y añadir de manera opcional un poco de vainilla y canela en polvo, por ejemplo. Esta bebida nos puede servir de base de cualquier batido.

PARA ELABORAR LA GRANOLA

Para elaborar la granola, inspirada en una receta de otra youtuber que se llama Gastrawnomica, no usaremos ningún cereal; así la podremos combinar perfectamente en esta receta o como topping de cualquier batido verde en un bol o yogur, por ejemplo. Una de las cosas que más me gustan de esta granola ¡es que es verde! Sí, porque le añadimos hierba de trigo, un superalimento muy favorable para limpiar nuestro organismo y aportar una dosis extra de clorofila. El aceite de coco es importante en esta receta porque permite ligar la granola, aparte de darle un sabor delicioso y ayudarnos a activar el metabolismo.

Puedes cambiar los anacardos por algún fruto seco, y también puedes cambiar las proporciones o cantidades de las semillas de girasol y calabaza, por ejemplo. Ya irás experimentando variaciones, que es lo divertido y, en este caso, muy fácil.
Los dátiles los dejamos en remojo, sobre todo si son duros, para facilitar su trituración. La canela es una especia muy interesante porque nos da energía; nos ayuda a regular los niveles de azúcar en sangre, a disminuir los antojos por dulces poco saludables y a mejorar la concentración; favorece la buena digestión; es un potente relajante natural; es antiinflamatoria, y es rica en Vitamina C.

Incorpora a tu vida rutinas de cuidado personal que beneficien tu cuerpo físico, mental, emocional y espiritual, como, por ejemplo, estirar todo tu cuerpo al levantarte; cepillarte la lengua en ayunas cada día con un cepillo especial que encuentras en farmacias hasta que ya no veas la capa blanca que hay encima de la lengua; cepillar en seco tu piel con un cepillo de cerdas naturales para activar tu metabolismo, eliminar toxinas y mejorar la visibilidad y elasticidad de tu piel; darte duchas de contraste de agua fría y caliente por la mañana para activar la circulación y la energía; frotarte la piel suavemente con una toalla caliente por la noche para relajarte, reducir la tensión muscular, eliminar el estrés y limpiar tu piel de impurezas, o darte baños calientes relajantes con 2 tazas de sales de Epsom o Himalaya, ½ taza de vinagre de manzana, ¼ de taza de bicarbonato y 7 gotas de lavanda una vez a la semana.

Bebida de plátano con granola

Si preparamos la granola en el horno, pondremos el ventilador arriba y abajo, y colocaremos una bandeja en la parte superior para que la granola no se queme. En 15 minutos estará lista.

INGREDIENTES

Para la leche debes batir
1 taza de agua de calidad (filtrada) *
1 plátano *
1 dátil *
½ cucharada de vainilla en polvo *
½ cucharada de canela *

Para la granola
¼ taza de semillas de girasol (75 g) *
¼ taza de semillas de calabaza (75 g) *
½ taza de anacardos (75 g) *
½ taza de coco rallado sin azúcar (45 g) *
½ taza de dátiles deshuesados
(previamente en remojo 20 minutos) (200 g) *
1 cucharada de canela *
1 cucharada de hierba de trigo (opcional) *
1 cucharada de aceite de coco *

PREPARACIÓN

Preparación de la granola
* Triturar los dátiles en el procesador de alimentos o batidora.
* Añadir el resto de los ingredientes, excepto el aceite de coco.
* Triturar de nuevo sin que quede en polvo.
* En un recipiente, mezclarlo al aceite de coco derretido.
* Esparcir en el papel del deshidratador o del horno.
* Deshidratar durante 8 horas, o al horno a 180 ºC durante 15 minutos, dejándolo enfriar una vez horneado.
* Conservarlo en la nevera.

Para el topping
* Aparte de la granola, añadir de forma opcional un poco de plátano fresco y/o deshidratado.

Mousse

En esta receta usamos agua de coco para conseguir más sabor a piña colada. La mejor agua de coco que podemos beber es la que procede de cocos jóvenes. Sé que no es del todo sostenible, ya que vienen de Tailandia, pero espero que este libro llegue a muchas partes del mundo y quizá lo lea alguien que vive en algún sitio donde los cocos jóvenes sí son locales. ¡Quién sabe!

PREPARAR ESTE BATIDO CON AGUA DE CALIDAD

Es cierto que hay empresas y tiendas donde podemos comprar agua de cocos jóvenes importados de Tailandia, ya sea frescos o envasados, pero, si no queremos consumirlos ni tan siquiera de manera excepcional, podemos preparar este batido con agua de calidad o con alguna bebida vegetal o rejuvelac (una bebida fermentada a partir de cereal germinado –trigo, cebada, arroz, quinoa, amaranto– o de legumbre, muy rica en enzimas y probióticos).

Las bayas de goji proceden de los valles de la cordillera del Himalaya. Puedes cambiarlas por otra fruta que te guste y que combine bien con la piña, como, por ejemplo, fresas, kiwi o incluso más piña fresca o deshidratada.

Aliméntate con consciencia, es decir, infórmate
de qué consumes (su procedencia, qué ha implicado
que ese alimento esté en tu plato, sus propiedades, etc.);
mastica lentamente hasta que la comida sólida
se convierta en líquida; respira profundamente cinco veces
antes de comer mientras agradeces los alimentos;
pon atención a cómo te sientes antes y después de comer
a nivel energético y físico, e intenta discernir si tienes
hambre física real o si es hambre emocional que te está
indicando que hay algún aspecto de tu vida que necesita
más atención para ser sanado o resuelto.

Mousse de piña colada

La lechuga romana la puedes cambiar por cualquier otra verdura de hoja verde que tengas en la nevera. Las semillas de chía las puedes sustituir por las de lino. Y las semillas de girasol y de calabaza las puedes reemplazar por frutos secos u otras semillas.

INGREDIENTES

Para la base

400 g de piña fresca pelada y troceada *

100 g de lechuga romana *

Bastantes hojas de menta fresca *

1 cucharada de semillas de chía *

60 ml de agua de coco *

Para el topping

25 g de piña deshidratada cortada a trozos pequeños *

2 nueces de Brasil troceadas *

Un poquito de menta *

PREPARACIÓN

Preparación de la granola

* Batir todos los ingredientes de la base.

* Añadir más agua sólo si es necesario.

* Servir en un bol.

* Añadir los toppings.

Batido

Los batidos verdes en un bol son, sin duda, uno de mis desayunos favoritos. Me sacian, me permiten ser creativa, son dulces de forma natural y, sin exagerar, tienen un toque crujiente gracias a los toppings y se adaptan perfectamente a cualquier estación del año.

GRASAS SALUDABLES INDISPENSABLES PARA GENERAR ENERGÍA

Me gusta, además, prepararme batidos verdes grandes en un bol, de manera que o bien me sirven como único desayuno sin necesidad de comer nada más a media mañana, o a veces lo que hago es guardarme una parte y comérmelos en dos veces. Son fáciles de transportar en un bote de cristal o un *tupper* libre de BPA (Bisfenol A).

Las nueces de macadamia son originarias de Australia. Son muy ricas en ácido oleico Omega 9, un tipo de grasa monoinsaturada asociada a la salud cardiovascular por su capacidad de reducir el colesterol malo si se acompaña de una alimentación saludable. A pesar de estas propiedades, no hay que comerlas en exceso. Como siempre, todo hay que consumirlo con moderación, sin abusar.

Consumir grasas de calidad es indispensable en una alimentación enfocada a la salud en general. Eliminar la grasa procedente de los frutos secos, semillas y aguacate de la dieta por querer perder peso es un error. Aparte de que no nos hacen engordar, estas grasas saludables son indispensables para generar energía; para saciarnos; para tener una buena salud hormonal; para asegurarnos el aporte de ácidos grasos esenciales Omega, y, por ejemplo, para evitar el estreñimiento.

Minimiza las horas de televisión y desconecta de la tecnología antes de las ocho de la tarde. Las horas que antes dedicabas a esto podrás dedicártelas a ti, a hacer algo con tu pareja, a plantearte tu proyecto de vida, a practicar un deporte que te guste, a leer, a meditar, a sentir tus emociones, a estudiar algo que te apasione, a profundizar en tu autoconocimiento, etc. Además, te acostarás antes, verás cómo la calidad de tu descanso mejora muchísimo y al día siguiente podrás practicar tus rutinas diarias matutinas con energía y buen humor.

Batido verde de cerezas en un bol

Para que este batido verde en un bol sea cremoso, hemos usado dos ingredientes muy comunes en este tipo de desayunos: el plátano congelado y el aguacate. También podríamos usar plátano sin congelar y añadir opcionalmente dos cubitos de hielo que sean procedentes de agua de calidad. Si el aguacate es muy grande usaremos sólo una cuarta parte.

INGREDIENTES

Para la base

300 g de cerezas sin hueso *

1 plátano pequeño congelado *

½ aguacate *

3-4 hojas de albahaca fresca *

3-4 hojas de menta fresca *

1 dátil o 1 cucharada de stevia liofilizada en polvo *
(si las cerezas no están suficientemente dulces)

100 ml de agua de calidad (filtrada) *

Para el topping

Cerezas *

1 cucharada de nueces de macadamia troceadas *

PREPARACIÓN

* Batir, añadir los toppings y ¡a disfrutar!

Galletas

Esta receta es crudivegana y está inspirada en mi amiga Consol Rodríguez, conocida como Kijimuna's Kitchen y autora del libro *Raw food Anti-aging* (Ediciones Urano). Las recetas veganas dulces normalmente son muy difíciles de digerir porque mezclan harinas con frutas muy dulces, como el dátil, y además normalmente incorporan endulzantes que, aunque sean naturales, no se deberían consumir de forma regular. Y las crudiveganas muchas veces contienen un exceso de frutos secos y endulzantes naturales que las hacen para mi gusto demasiado pesadas.

LO MEJOR ES ELABORARLAS A BASE DE FRUTA Y FRUTA SECA

Así que lo mejor es elaborar unas galletas a base de fruta y fruta seca, como las que normalmente propone Consol Rodríguez y que me han inspirado para esta receta. La papaya en polvo de esta receta es un superalimento muy bueno de incorporar a nuestra alimentación porque tiene un componente llamado «papaína» o «papayotina», que es una enzima que ayuda a digerir las proteínas. Las enzimas que hacen esta función de destrucción de las proteínas se llaman «enzimas proteolíticas». Aparte de la papaína, está también la bromelina, procedente de la piña, y la actidina, procedente del kiwi.

Además, la papaya en polvo nos ayuda a ir de vientre, a limpiar el colon, y tiene un sabor delicioso y un color que es muy agradable de ver.

Para hacer la mermelada basta con batir un mango de calidad maduro. Si usamos mermelada comprada nos fijaremos en que, aparte de ser ecológica, sólo esté endulzada con zumo concentrado de manzana o uva y no lleve ingredientes raros, que no conozcamos o difíciles de pronunciar.

Encuentra un ejercicio físico que te motive y que disfrutes mientras lo haces sin pensar en el resultado. Ésta es la única manera de mantener la rutina de deporte en el tiempo. Puede ser simplemente andar cada día a paso rápido, o ir en bicicleta, hacer yoga, zumba, tai-chi, nadar, etc. Sé realista y coherente con tu estilo de vida, y no te propongas objetivos difíciles de cumplir. Si sólo puedes hacer un día de yoga a la semana y los otros andar, perfecto. Si sólo puedes ir a nadar el fin de semana, mejor esto que nada. Si te gusta desplazarte en bici por la ciudad, quizá ya no necesites hacer nada más. O, si te encanta bailar, las clases dirigidas de zumba son una opción ideal para ti. Una idea que me gusta mucho compartir con la gente es la de crearte un minigimnasio en casa a tu gusto. Yo, por ejemplo, tengo un minitrampolín, un saco de boxeo y cosas básicas de fitness para hacer ejercicios funcionales, como pesas, gomas o una esterilla. Hoy en día en Internet tienes infinidad de propuestas de rutinas para seguir en casa.

Galletas crudiveganas con mermelada

Se puede cambiar el mango por cualquier otra fruta,
pero que no sea muy ácida, porque en la base de la galleta
usamos dátil, que es una fruta muy dulce.

INGREDIENTES

Para las galletas
1 taza de moras blancas deshidratadas (120 g) *
½ taza de dátiles deshuesados previamente
remojados (180 g) *
2 cucharadas de papaya en polvo *
Un poco de sal marina sin refinar *

Para la mermelada
1 mango *

PREPARACIÓN

* Triturar todos los ingredientes de las galletas
en un procesador o batidora potente.

* Dar forma a las galletas con un molde.

* Espolvorear el interior del molde
con un poco de papaya en polvo,
colocar la masa y espolvorear de nuevo
el molde con papaya en polvo.

* Repetir el mismo proceso tantas veces
como permita la cantidad y el grueso de masa
que hayas preparado.

* En una batidora, triturar el mango para
hacerlo mermelada.

* Servir las galletas con un poquito
de mermelada encima.

Tostadas

Para esta receta hemos escogido la grasa del aguacate y los germinados. También se le puede añadir kale o brócoli en polvo deshidratado, o un poco de rúcula, o incluso un poquito de chucrut o pickles. Otra opción sería cambiar el aguacate por olivada, un poco de zanahoria rallada y canónigos, por ejemplo. O el típico pan con tomate y aceite acompañado de un poco de verdura de hoja verde, como espinacas baby o kale macerada con un poco de vinagre de umeboshi y aceite de buena calidad.

EL TRIGO (NO EL PAN) Y LOS LÁCTEOS TIENEN OPIÁCEOS

Cuando descubrí que no podía comer gluten pensé en que tenía que encontrar la manera de comer pan. Me consideraba hasta entonces muy adicta al pan, y por más que había intentado durante años dejarlo nunca podía. No es fácil dejar de comer pan cuando te gusta tanto, porque vivimos en una sociedad en la que hay panaderías en cada esquina, y en España te ponen pan en todos los restaurantes. Además, yo antes de empezar a seguir una alimentación SEN tenía la costumbre de desayunar pan, comer también con un trocito de pan, y por las noches siempre tenía mi rebanada de pan a punto para acompañar al trocito de tofu, la tortilla o el queso fresco. Es cierto que consumía pan ecológico de buena calidad, pero era con gluten y, además, lo comía en exceso. Así que para dejar de consumir gluten empecé a practicar recetas de pan sin gluten que encontraba en páginas de Internet y luego subía mi propia versión a mi blog. A medida que fui comiendo pan sin gluten me desapareció la adicción al pan. Y no es por casualidad. El motivo lo descubrí más tarde y me sorprendió. El trigo (no el pan) y los lácteos tienen opiáceos, así que son adictivos. Por lo tanto, si comemos un pan sin gluten no tendremos la necesidad de comer cada vez más cantidad o esa sensación de que si lo comes un día el resto de la semana vas a querer comerlo. Por este motivo a mis clientes siempre les recomiendo que al principio de una transición a la alimentación SEN sustituyan el pan con gluten por uno elaborado con harina de trigo sarraceno, teff, quinoa o arroz. De esta manera puedes comer pan sin tener luego dificultades para digerir, sin dañar los intestinos y sin generar una adicción. Y con el paso de los meses a todos los clientes les desaparece la necesidad, el apego o la adicción a comer pan.

Sé sincero, coherente y honesto contigo mismo y los demás.
No intentes nunca agradar, complacer o hacer las cosas
pensando en lo que «deberías» hacer o sentir.
Una de las causas principales de insatisfacción e infelicidad
en las personas es no vivir acorde a quienes son,
ya sea por miedo a mostrar algo de ellos que creen que
puede generar rechazo, por necesidad de ser amados por
encima de todo o por falta de conciencia sobre qué es lo que
en realidad les motiva, les apasiona y les mueve por dentro.
Hay que ser valiente y atreverse a indagar en el
autoconocimiento, sin miedo a brillar y a expresar la esencia
desde el amor, el respeto y la aceptación de uno mismo
y de los demás, sin culpa y sin juicios.

Tostadas de pan sin gluten con aguacate

El pan es un alimento concentrado, denso, con poca agua, y un carbohidrato. Lo ideal es acompañarlo de una grasa saludable que ayude a frenar la entrada de los carbohidratos en la sangre y que además nos sacie, y también de hoja verde y germinados, porque son alimentos no concentrados que ayudarán a digerirlo.

INGREDIENTES

Para el pan
1 + ½ taza de agua de calidad *
½ taza de agua de mar *
1 + ½ taza de semillas de calabaza *
1 taza de harina de trigo sarraceno *
1 taza de nueces de Brasil *
½ taza de semillas de girasol *
3 cucharadas de psyllium *
2 cucharadas de semillas de chía *
2 cucharadas de hierbas provenzales *
Pimienta negra *
Aceite de coco *

PREPARACIÓN

* Triturar las nueces de Brasil junto con una taza de semillas de calabaza en el procesador de alimentos o en una batidora potente.
* Mezclar esta harina junto con el resto de los ingredientes secos.
* Añadir el agua lentamente.
* Dejar que la mezcla absorba el agua. Esto puede durar como mínimo 1 hora.
* Precalentar el horno a 180 °C.
* En una bandeja de horno untar con un poco de aceite de coco y añadir la masa.
* Hornear la masa durante 45-60 minutos.
* Sacar, dejar enfriar y servir con aguacate y germinados.
* Guardar el resto del pan en la nevera.

semana 2

Batido verde

Este batido no sólo es para deportistas, también es para amantes
del chocolate, para los de «paladar dulce», para personas con un gran desgaste
de energía o para niños o adolescentes. Es un batido denso, por los plátanos,
la mezcla de éstos con la bebida de almendras, el dátil, las espinacas y el cacao.
Así que, si tienes dificultades para digerir o llevas una vida muy sedentaria,
es mejor tomarlo en poca cantidad o dejarlo para el día adecuado.

ÉSTE NO ES SÓLO UN BATIDO

El cacao que usamos en una alimentación Saludable, Energética y Nutritiva es el crudo, ecológico, sin azúcar ni lácteos añadidos y, a poder ser, de comercio justo. Crudo porque las propiedades que tiene, como los antioxidantes y el magnesio, por ejemplo, se pierden si el cacao ha estado sometido a más de 42 °C para su obtención. Es mejor consumirlo de origen ecológico y, por supuesto, no interesa que tenga ningún tipo de azúcar, edulcorante ni endulzante añadido.

El plátano es una de las frutas que tiene más azúcar, pero no por eso hay que eliminarlo de la dieta ni tenerle miedo. Es un azúcar natural y, además, es rico en fibra; tiene potasio y magnesio; aporta vitaminas del grupo B, A y C, y es ideal comerlo después de practicar deporte porque ayuda a recuperar energía y minerales.

Éste no es sólo un batido pensado para tomar una hora antes de hacer deporte. Si hacemos ejercicio físico en ayunas también podemos beber este batido como desayuno posdeporte. Como después de hacer ejercicio también es muy importante tomar proteínas, este batido lo elaboramos con bebida vegetal de almendras, o agua y almendras crudas, por ejemplo, o añadiéndole semillas o proteína de cáñamo. Si el plátano se consume maduro es muy dulce y más fácil de digerir, y se dice que si se come verde su almidón es resistente y tiene un efecto prebiótico beneficioso para el colon y los intestinos.

Regálate a menudo unas horas o minutos para estar
en contacto con la naturaleza. El poder sanador que tienen
las montañas, el cielo, el mar, las plantas y el color verde
está demostrado y lo notas enseguida. Además, puedes
abrazar los árboles y andar descalzo por la tierra o la arena
para descargarte de los efectos nocivos de las wifis,
las antenas y los ordenadores.

Batido verde de plátano y cacao

Al igual que el anacardo, el plátano es rico en triptófano, el aminoácido precursor de la serotonina, también conocida como la «hormona de la felicidad», cuya carencia se asocia a estados depresivos, insomnio, nerviosismo, estrés e irritabilidad. Además, se dice que es la fruta más rica en magnesio, así que es un buen relajante muscular y, de nuevo, del sistema nervioso.

INGREDIENTES

3 plátanos *
1 taza de espinacas baby (30 g) *
1 dátil *
1 cucharada de cacao en polvo crudo *
½ cucharada de canela *
250 ml de bebida vegetal de almendras *

PREPARACIÓN

* Batir todos los ingredientes.
¡A disfrutar!

Ensalada verde

Hay días en los que nos levantamos y nuestro cuerpo sólo pide hidratación, algo refrescante y fácil de digerir. En días así es ideal recurrir a las ensaladas verdes de fruta. La menta y la rúcula son opciones para aportar más alcalinidad al desayuno y favorecer aún más la digestión. La menta es una planta aromática que da mucho juego en la cocina gracias a su aroma, y en esta receta nos aporta el color verde que tanto queremos potenciar en una alimentación Saludable, Energética y Nutritiva. El sabor amargo de la rúcula la convierte en una excelente hoja verde depurativa.

UN ARCOÍRIS DE COLORES MARAVILLOSO

Cuando tengas la ensalada de fruta preparada, te darás cuenta de algo maravilloso: ¡tiene un arcoíris de colores maravilloso! Te beneficiarás de las propiedades de la fruta de color naranja, verde y amarilla, y del verde de las hojas. No te olvides de consumir variedad de colores en tu alimentación SEN, ya que cada uno te aporta unos antioxidantes y propiedades distintos.

Puedes ajustar las cantidades a tu hambre e incluso prescindir de alguna de las frutas si no las tienes en la despensa. A mí me gusta que al menos en la receta haya tres colores diferentes de fruta: naranja, verde y amarillo.

Como el amarillo lo obtenemos de la piña y el limón, y el naranja, de la mandarina y la naranja, para mantener los tres colores podrías prescindir o bien de la piña o el limón, por una parte, o, por otra, de la mandarina o la naranja. Otra idea sería usar otro color de fruta, como el rojo de la fresa, que también combina bien en esta receta. No lo he añadido porque normalmente no me gusta mezclar muchas frutas en un mismo plato.

Incluye plantas verdes en tu casa y oficina, sobre todo si no tienes la naturaleza cerca. Está demostrado que sólo el hecho de ver color verde, incluso aunque sea de plantas artificiales o de un cuadro, cambia la bioquímica de nuestro cerebro y hace segregar serotonina, la hormona de la felicidad. Y, si lo dudas, compruébalo por ti mismo, ¡ya verás el resultado!

Ensalada verde de fruta

El truco para preparar una ensalada de fruta que aparte de ser buena al paladar lo sea para nuestro sistema digestivo es, de nuevo, combinar bien las frutas (como no añadir plátano si usamos fruta ácida como el kiwi) y que éstas sean naturales. No recurramos a macedonias con fruta enlatada o en almíbar.

INGREDIENTES

1 naranja *

1 mandarina *

2 kiwis *

50 g de piña *

El zumo de ½ limón *

Hojas de menta *

Rúcula *

PREPARACIÓN

* En un bol o recipiente coloca las frutas troceadas, rocíalas con el zumo de limón y sírvelas con rúcula y menta.

Pudin

¿Sabías que las semillas de chía tienen un 700 % más de Omega 3 que el salmón del Atlántico, convirtiéndolas en el vegetal con más alto contenido en Omega 3; un 1.400 % más de magnesio que el brécol; un 500 % más de calcio asimilable que la leche; un 300 % más de selenio que el lino; un 200 % más de hierro que la espinaca, y un 100 % más de fibra que cualquier cereal en hojas? Además, las investigaciones más recientes destacan el alto contenido de las semillas de chía en aminoácidos (es decir, proteína), ácidos grasos esenciales Omega 3 y Omega 6, antioxidantes y vitaminas E, A y del grupo B.

PARA HORNEAR CUALQUIER FRUTA NUNCA USAREMOS AZÚCAR

Ya hemos visto anteriormente que, para poder asimilar bien todos los beneficios de las semillas de chía, hay que consumirlas o bien trituradas, o molidas o previamente en remojo en agua o en algún otro líquido, como una bebida vegetal (lo mismo ocurre con las semillas de lino). Además, se pueden usar como sustituto del huevo si ponemos dos cucharadas de semillas de chía en remojo con ¼ de taza de agua y dejamos que la mezcla se vuelva gelatinosa (tardará como mínimo 15 minutos). Para hornear la pera o cualquier fruta nunca usaremos azúcar. La fruta ya es dulce por sí sola, y más aún si la cocinamos al horno, y, además, podemos potenciar todavía más su dulzor si para hornearla le añadimos un poco de sal marina sin refinar que realce su sabor, canela en polvo y, de manera opcional, aceite de coco.

Cuando compres las virutas de coco sobre todo lee la etiqueta, porque «sorprendentemente» hay marcas que le añaden azúcar. No te aconsejo comprarlas a granel sin preguntar al encargado si llevan o no azúcar. Lo mismo ocurre si no elaboras tu propia bebida de almendras, ya que muchas de las que se encuentran en los comercios, ecológicos o no, llevan algún tipo de azúcar o ingredientes extra innecesarios.

Comunica tus sentimientos e intenciones con amor, hacia ti y los demás. Una vez que te has conectado con quien eres, con tus motivaciones y con tu propósito, no tengas miedo a comunicarlos a los demás con amor. Cuando hacemos las cosas desde el amor todo fluye, no hay sitio para los enfados, los reproches ni los malos entendidos. Es cuando lo hacemos desde el miedo que nos podemos sentir incomprendidos y no respetados. Ten siempre presente cómo te sientes tú de bien cuando alguien te comunica sus sentimientos con amor, y devuélvele al otro y al universo lo mismo. Generarás así en ti y en tu círculo cercano unas emociones de gratitud, felicidad y bienestar increíbles. Y, en realidad, no cuesta nada hacerlo y es beneficioso para tu salud integral. Una alimentación SEN que nos ayuda a encontrarnos mejor físicamente y emocionalmente propicia unas relaciones de amor con nosotros mismos y con los demás, así que ahora simplemente disfruta de encontrarte mejor y mostrarlo a todo el mundo.

Pudin de chía con pera horneada

Si no nos apetece usar el horno o no tenemos ninguno
en casa, también se pueden hacer las peras al vapor,
con un poco de sal marina y canela en polvo.

INGREDIENTES

Para la base

2 peras horneadas* *

4 cucharadas de semillas de chía *

¾ taza de bebida vegetal de almendras *

1 cucharada de canela *

Sal marina sin refinar *

Para el topping

1 pera horneada con canela *
y un poquito de sal marina sin refinar

Virutas de coco sin azúcar *

Granola (ver receta número 3) *

PREPARACIÓN

* *Para hornear las peras, cocinarlas
en el horno a 180 °C aproximadamente
durante 35 minutos con un poquito
de sal marina sin refinar y canela.

* Batir la bebida vegetal con una de las peras,
una cucharadita de canela y la chía.

* Dejar reposar en la nevera toda la noche.

* Por la mañana, hacer capas en el recipiente
donde lo queremos comer: poner primero
la pera al horno, luego un poco de chía,
un poco del topping, más chía y la última
capa que sea topping.

Yogur de plátano, caqui y espinacas

Si lo comemos sin toppings ya es delicioso, pero con ellos convertimos esta receta en un desayuno excepcional. O, por supuesto, en una merienda riquísima. ¡Qué fácil es incorporar verdura de hoja verde a los desayunos!, ¿verdad? Los toppings también nos sirven para proporcionar una textura crujiente a la receta, tan necesaria en nuestra alimentación.

INGREDIENTES

Para la base del yogur

3 caquis *

3 tazas de espinacas baby *

1 plátano maduro *

3 cucharada de anacardos *
(previamente remojados toda la noche
o como mínimo 2 horas)

Para el topping

Granola o algún fruto seco o semillas *

Trocitos de plátano deshidratado *

PREPARACIÓN

* Batir todos los ingredientes de la base.

* Servir en un bol o recipiente.

* Añadir los toppings
(ver la receta de la granola).

Batido

Este batido verde en un bol es un desayuno pensado para el verano,
el momento del año en el que encontramos melocotones y nectarinas.
Cuando se termine la temporada, puedes alargar un tiempo
con esta misma fruta si has tenido la previsión de congelar un poco
ya sin la piel y cortada, o puedes cambiar de fruta y prepararlo con caquis,
por ejemplo, que es una fruta deliciosa de otoño.

DESAYUNO PENSADO PARA EL VERANO

Para los toppings, en este caso no he querido usar frutos secos, aunque sí semillas de calabaza, porque normalmente en verano no suelo comer tantos frutos secos como en otoño o a lo largo del invierno. No pasa nada, por supuesto, por comer algunos frutos secos en el desayuno o en la ensalada de verano, pero es cierto que mi cuerpo en esta época del año me pide que los desayunos tengan más fruta hidratante, y como grasa saludable uso más las semillas, que son quizás un poco menos calóricas que los frutos secos. Podrías cambiar las semillas de calabaza por las de girasol o las de cáñamo, por ejemplo. O incluso puedes añadir un poco de cada una.

Cuando usamos la lechuga de hoja de roble, el batido queda de un color más marrón debido al tono de sus hojas, al igual que si usamos según qué tipo de estevia. Seguro que alguna vez has hecho alguna receta que has encontrado en algún libro o revista y el color te queda completamente diferente del de la foto. Normalmente ocurre por motivos como éste.

Escucha tu intuición sin buscar la aprobación de los demás.
Hazte responsable de tus propias decisiones, porque nadie
mejor que tú para saber qué te conviene si estás viviendo
tu vida desde el amor. Si lo estás haciendo desde el miedo,
la culpa y la ansiedad, te resultará más complicado,
pero tú también puedes conectar con tu esencia.

Batido verde en un bol de nectarina y melocotón

En verano tenemos muchas
variedades de lechuga, y cualquiera de ellas
queda deliciosa en esta receta.

INGREDIENTES

Para la base

1 melocotón maduro dulce *

1 nectarina madura dulce *

1 aguacate pequeño o ½ grande *

100 g de lechuga *

1 dátil o 1 cucharada de estevia liofilizada *
en polvo ecológica

200 ml de agua de calidad (filtrada) *

Para el topping

Láminas de nectarina *

Láminas de melocotón *

1 cucharada de semillas de calabaza *

PREPARACIÓN

* Batir todos los ingredientes de la base.

* Servir en un bol o recipiente.

* Añadir los toppings.

Bocadillos

Para hacer esta receta usamos manzanas rojas, porque este color nos aporta propiedades anticáncer. Pero, si tenemos manzanas verdes o las consumimos más ácidas porque seguimos una dieta para la candidiasis o baja en azúcares, lo podemos cambiar perfectamente. Para descorazonar las manzanas necesitamos un utensilio de cocina especial para esto. No es nada caro y nos dará juego en la cocina, así que vale la pena comprarlo.

UNA BUENA FUENTE DE PROTEÍNA

El relleno de las manzanas puede ser desde tahini a un paté de semillas crudivegano o este queso vegano que te propongo, que es muy fácil de preparar. Es un queso para untar sin fermentar. Para elaborarlo se podría sustituir el agua de calidad por rejuvelac (tienes la receta en mi primer libro *Detox SEN para estar sanos por dentro y bellos por fuera*).

La almendra es el fruto seco más alcalino. Proporciona más calcio que el resto de los frutos secos, contiene magnesio, tiene grasas saludables monoinsaturadas, es una buena fuente de proteína, contribuye a la salud cardiovascular y es rica en hierro y zinc.

No hay que confundir la levadura nutricional por la levadura de cerveza. No es lo mismo.

La levadura de cerveza es un producto derivado de la industria cervecera, mientras que la levadura nutricional es el producto resultante del cultivo de una mezcla purificada de melazas de caña y remolacha que luego se fermenta, se cosecha, se lava, se pasteuriza y se seca. Además, la levadura de cerveza es activa y hace proliferar la *Candida albicans*, y, en cambio, la levadura nutricional está inactiva y, por lo tanto, no alimenta ni prolifera ningún tipo de hongo. De hecho, es por este mismo motivo que la levadura de cerveza se utiliza para fermentar, cosa que no podríamos hacer con la levadura nutricional. De sabor tampoco tienen nada que ver, porque, mientras que la levadura de cerveza tiene un sabor amargo (incluso la que está desamargada), la levadura nutricional tiene un sabor salado que recuerda a las nueces y el queso.

Acepta la vida y toma los sucesos como oportunidades
para aprender algo de ellos. Todo lo que nos ocurre
es perfecto, porque sucede por algún motivo.
Antes de que tú lo aceptes, la vida ya lo aceptó para ti.
Entonces, lo mejor que puedes hacer es darle las gracias
y aceptarlo tal como llega, aprovechando lo que tengas
que integrar o comprender de lo ocurrido.

Bocadillos de manzana con queso vegano

Los germinados son el alimento más vivo que existe. Incluye
una pequeña cantidad en cada plato, en la comida y la cena, y si puedes
te animo a incluirlos también en el desayuno, como en esta receta
o en la de batido verde en un bol de plátano, mango y germinados.

INGREDIENTES

2 manzanas rojas descorazonadas *
y cortadas a rodajas semigruesas

1 cucharada de queso vegano para untar *
o paté de semillas o frutos secos

Germinados *

Para el queso

½ taza de almendras crudas sin piel *
(remojadas toda la noche o durante 12 horas)

½ taza de anacardos crudos sin sal *
(remojados toda la noche o durante 12 horas)

1 taza de levadura nutricional *

½ cucharada de sal marina sin refinar *

1 taza de agua de calidad (filtrada) *

Sal marina sin refinar *

PREPARACIÓN

* Escurrir las almendras y los anacardos.

* Poner todos los ingredientes en la batidora
  o en el procesador de alimentos.

* Rectificar la levadura y la sal si es necesario.

* Dejar enfriar en la nevera.

* Utilizar para untar las rodajas de manzana
  y guardar el resto en la nevera.

Muffin

Soy consciente de que no todo el mundo da tanta importancia
a la «correcta» combinación de algunos alimentos. Y además asumo
que no todos los enfoques o teorías defienden la misma combinación.
Pero, como he sufrido durante tantos años malas digestiones y tengo una
capacidad tan grande para detectar qué me sienta bien y qué no, no puedo
evitar ser muy rigurosa en mi día a día a la hora de hacer la combinación
de alimentos que he constatado que para mí sí funciona.

UN DESAYUNO DE FIN DE SEMANA ESPECIAL

Así que debo confesarte que esta receta de muffins de pastel de zanahoria es menos SEN, porque por una parte combinamos bastantes alimentos concentrados (aquellos que tienen poca agua) y, por otra, nos saltamos la teoría de la combinación de alimentos en la que recomiendo no combinar avena con dátiles (cereal con fruta). Aunque también es cierto que incluso cuando estudiaba cocina energética o macrobiótica me enseñaron a hacer dulces en los que sí se mezclaba algún cereal con dátiles o pasas, como en la elaboración de los famosos porridges o postres horneados.

Y es cierto que he podido comprobar que, si esta mezcla de cereal con fruta la preparo en una versión de receta cocinada, puedo digerirla más fácilmente, mientras que si la consumo en una versión cruda, como por ejemplo la avena remojada en bebida vegetal con toppings de frutas, tengo dificultades para digerirla.

De todos modos, estos muffins los reservaremos para un domingo festivo, para compartir con niños, o si somos muy golosos y, sobre todo, si tenemos un sistema digestivo resistente. No es un postre, es un desayuno de fin de semana especial o una merienda para niños, deportistas, personas que digieren sin dificultades o cualquier persona que está empezando a hacer una transición hacia una alimentación SEN y aún tiene antojos por los dulces.

Haz el amor y cuida el vínculo en tu relación de pareja. A menudo nos abandonamos individualmente y en la relación. Si crees que el vínculo con tu pareja merece la pena no lo descuides y disfruta cada día regando vuestro amor. Un consejo que he heredado de mi madre y que considero muy sabio es no irte a la cama nunca enfadado con tu pareja. Aprender a comunicarse desde el amor y el respeto es cuidar el vínculo con tu pareja. Y, después de hablar las cosas, nada mejor que sellarlo haciendo el amor. Seguro que eres capaz de recordar la sensación de felicidad que tienes cuando lo hacéis así.

Muffins de pastel de zanahoria

Prueba esta receta en el desayuno, o a media mañana o por la tarde,
sin mezclarla con nada más, y observa cómo te sienta.
No hay mejor médico ni especialista del cuerpo que uno mismo.
Lo otro son teorías generales.

INGREDIENTES PARA 8 MUFFINS

230 g de zanahoria triturada *
80 g de cubos de coco deshidratado sin azúcar *
200 g de copos de avena sin gluten *
60 g de nueces pecanas troceadas *
2 cucharadas de lino molido remojadas *
con 6 cucharadas de agua («huevo» vegano)
165 g de sirope de dátil* *
300 ml de bebida de almendra *
3 + ½ cucharadas de canela en polvo *

Para el topping:

Semillas de calabaza *
Nueces pecanas *
Coco rallado *
Zanahoria rallada *

PREPARACIÓN

* Precalentar el horno a 180 °C.
* Preparar el huevo vegano
  y dejar que se forme.
* Preparar el sirope de dátil.
* Añadir todos los ingredientes en un bol
  y mezclar hasta que esté unificado.
* Colocar la mezcla en los moldes.
* Añadir el topping deseado.
* Hornear durante 25-30 minutos.
* Dejar enfriar unos minutos
  y sacarlo del molde.

*Para hacer el sirope de dátil

* Triturar 100 g con 180 ml de agua.

semana 3

Batido verde

El gran secreto de este batido que lo hace diferente a la mayoría de los que bebemos en nuestro día a día es la crema de almendras crudivegana (sin tostar) y sin azúcar ni sal añadidos.
Te sorprenderías al ver los ingredientes que a menudo añaden a las cremas de almendras, como azúcar, por ejemplo, cuando en realidad lo único que debe tener es almendra cruda y, como máximo, aceite de calidad.

ESTE BATIDO NOS SACIARÁ MUCHAS HORAS

Es mejor comprar la crema de almendras natural y sin sal. De esta manera resulta más versátil para añadirla a platos o bebidas dulces como ésta o a platos salados con sal añadida o sin ella, dependiendo de lo que requiera la receta.

Para elaborar tu propia crema de almendras necesitas un procesador. Quizá, si tienes una batidora muy potente y buena, puedas intentar hacerla con ella, aunque para mi gusto no queda igual de bien.

En el procesador pones una buena cantidad de almendras y dejas que se vayan procesando varios minutos. Requiere tiempo y paciencia. No hace falta que estés mirando todo el rato el procesador; puedes aprovechar para hacer otras cosas.

El aceite se añade, opcionalmente, hacia el final de la preparación. Algunas personas lo ponen un poco antes para acelerar el proceso, pero si tenemos paciencia nos ahorramos añadir el aceite. La almendra ya es una grasa saludable que, a medida que la trituramos, va soltando su aceite.

Al ponerle la crema de almendras, el batido quedará más cremoso y, además, nos saciará muchas más horas.

Deja de compararte con los otros o contigo mismo, o con respecto al pasado o a un futuro imaginario. La comparación es un arma letal que destruye la autoestima, te impide alcanzar tus objetivos y conocer tu propósito de vida. Focaliza tu energía en el autoconocimiento y la individuación, en encontrar tu esencia y vivir alineado a ella. Sigue tu propósito sin fijarte en nadie más que en tu interior.

Batido verde de pera y crema de almendra

Las verduras de hoja verde que uses para esta receta pueden ser otras. La menta le aporta frescor y contraste a la crema de almendras, y, junto con el punto amargo de la rúcula, hace más fácil la digestión del batido, que, quizá, sin estos dos ingredientes, sería más lenta.

INGREDIENTES

1 pera *
2 ramas grandes de apio *
4 hojas de lechuga *
Hojas de menta fresca *
Un poco de rúcula *
1 cucharada de crema de almendras sin azúcar *
200 ml de bebida vegetal *

PREPARACIÓN

* Batir todos los ingredientes.
¡A disfrutar!

Albaricoques

Esta receta es muy sencilla de hacer si ya tenemos el queso vegano preparado de la receta de los bocadillos de manzana. Este queso nos dura días en la nevera, así que, como nos ha sobrado de la otra receta, en ésta bastará con abrir los albaricoques por la mitad, rellenarlos con queso vegano y rociarlos con un poquito de zumo de limón.

PERFECTO PARA LOS DÍAS EN LOS QUE ESTAMOS ESTRESADOS

El albaricoque es una fruta de verano, así que aprovéchalo al máximo cuando sea la temporada. Es una fruta con mucha vitamina A en forma de betacarotenos, contiene muchos antioxidantes, tiene un alto contenido en hierro, es rica en potasio, y algo que noto cuando consumo albaricoques es que sacian mucho.

Si nos apetece hacer esta receta en una temporada en que no haya albaricoques y como alternativa a los bocadillos de manzana, a mí me gusta también coger un plátano, partirlo por la mitad y untarlo de queso vegano.

Si elaboras la receta con una base de plátano, el limón no combina por ser una fruta ácida y porque el sabor no casa bien. En ese caso podrías sustituir el limón por un poco de cacao crudo en polvo o en nibs, por ejemplo.

Mantén tu casa ordenada y con lo mínimo.
Cómo tienes tu casa refleja cómo están tus emociones
y tu mente. Normalmente una casa caótica y desordenada
es un espejo de cómo están las emociones y la mente
de la persona que habita en ella. Y, aunque no sea así, lo que
toda persona puede comprobar es que, si limpiamos la casa
de objetos y cosas que ya no nos sirven y la mantenemos
sólo con lo que realmente necesitamos, vaciamos también
nuestras emociones y nuestra mente de cargas, de lastres
del pasado, y vivimos más ligeros. Así que te animo a hacer
un detox del hogar y a que limpies tu casa de aquello
que ya no te sirve. Y que lo que quieras mantener lo dejes
lo más ordenado posible, es decir, que sea práctico y
funcional para tu estilo de vida. Simplificarse la vida a través
del hogar es una gran ayuda en una sociedad llena de
exceso de información, objetos y fuentes de estrés.

Albaricoques rellenos de queso vegano

Este desayuno, o snack de media tarde, es perfecto para los días en los que estamos más estresados, con más ansiedad por alimentos dulces o con grasa y, cómo no, para los días en los que hacemos deporte o para compartir con niños.

INGREDIENTES

6 albaricoques maduros *

2 cucharadas de queso vegano cremoso para untar *

El zumo de medio limón *

PREPARACIÓN

* Lavar bien los albaricoques.

* Partirlos por la mitad.

* Rellenarlos con un poco de queso vegano cremoso para untar.

* Con la ayuda de un exprimidor de limones, rociar un poco por encima de los barquitos.

* ¡A disfrutar!

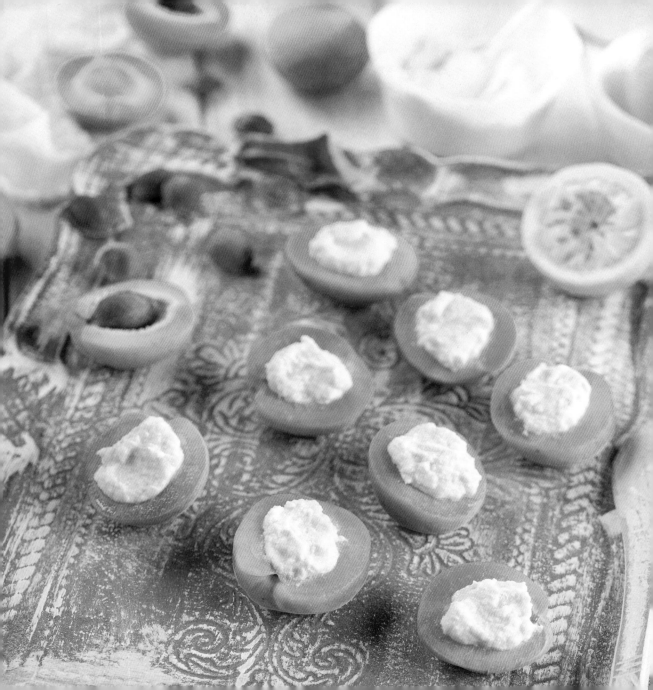

Batido

Un batido verde en un bol tiene todos los beneficios de los batidos verdes pero con un plus, porque lo servimos en un bol, le añadimos los toppings que más nos gustan y que mejor combinan, y lo comemos con cuchara. Para personas como yo, que nos levantamos con hambre y que podemos disfrutar tranquilamente de un desayuno, es ideal.

NO TE OLVIDES DE LOS GERMINADOS

Como hemos visto en alguna receta anterior, para preparar un batido verde delicioso, con una consistencia cremosa, va muy bien usar plátano en la base, y éste incluso puede ser congelado para conseguir más cremosidad. La cantidad de bebida vegetal usada será poquita para que quede espeso. Y siempre es mejor empezar por poca cantidad y, si vemos que queda muy espeso o nos quedamos cortos de cantidad, ir añadiendo.

Para esta receta te diría que no te olvides de los germinados, porque es lo que la hace más diferente a otras recetas de batidos verdes en un bol que encuentras en el libro y uno de los puntos claves que la hace tan SEN.

Como es un desayuno muy dulce gracias al mango, los plátanos y la bebida vegetal de arroz y coco, nos podemos permitir añadir un puñado de los maravillosos y saludables germinados sin que nos altere el sabor, así que ¡abre tu mente y atrévete! ¡Confía en mí! Los toppings que usamos en esta receta son plátano, mango y semillas de cáñamo, pero ya sabes que puedes añadir otra fruta (en este caso mejor que no sea ácida), fruta deshidratada, fruta en polvo, semillas, frutos secos, granola crudivegana y superalimentos, como, por ejemplo, bayas de goji o cacao crudo.

Fomenta las relaciones sociales que te aportan algo y sal de aquellas relaciones tóxicas que te hacen perder la autoestima y te limitan. La manera más fácil de detectar si una relación está siendo poco conveniente para ti es tomar consciencia de cómo te sientes cuando estás con la persona, cómo te quedas después del encuentro y desde dónde te relacionas con ella: si lo haces desde el apego, desde el miedo a estar solo...

Pide ayuda a quien haga falta si no te ves capaz de romper el vínculo dañino, y trabájate a nivel emocional para ver qué puedes aprender de la situación, de lo que te molesta de la otra persona, de lo que te hace sentir, etc.

Batido verde en un bol de plátano, mango y germinados

La bebida vegetal de arroz y coco la encuentras en tiendas ecológicas.
Si hay varias marcas no te decidas por la más barata;
por favor, lee sus etiquetas y escoge aquella que no tenga nada
más que arroz, coco y agua.

INGREDIENTES

Para la base

2 plátanos *

1 mango *

80 g de kale o espinacas baby *

1 puñado pequeño de germinados de alfalfa *

2 cucharadas de semillas de cáñamo *

Hojas de menta *

Hojas de albahaca *

125 ml de bebida vegetal de arroz y coco *

Para el topping

Plátano cortado a rodajas *

Mango cortado a láminas *

1 cucharada de semillas de cáñamo *

PREPARACIÓN

* Batir todos los ingredientes de la base.

* Servir en un bol.

* Añadir los toppings de forma que quede muy agradable a la vista.

Compota

Para preparar esta receta y que quede deliciosa,
lo ideal es tener un procesador de alimentos. Seguro que te has
fijado en que la forma de las nueces es como la del cerebro.
Es increíble darse cuenta de cómo muchos alimentos se parecen
al órgano que más benefician: las nueces se parecen al cerebro tanto
en la forma de su cáscara como en los pliegues y arrugas.

LO IDEAL ES TENER UN PROCESADOR DE ALIMENTOS

También hay un parecido de las judías con los riñones. La judía es un alimento que refuerza la actividad y la desintoxicación de este órgano. La coliflor abierta y partida en dos se parece a los pulmones. Una rodaja de zanahoria se parece a un ojo, y sabemos que los betacarotenos favorecen la salud ocular. El tronco de un apio es similar a los huesos del brazo, y resulta que esta verdura es rica en silicio y calcio, dos minerales que fortalecen los huesos. El tomate partido por la mitad se asemeja al corazón, y conocemos ya que el licopeno que contienen es bueno para la salud cardiovascular. Los higos abiertos se parecen a los órganos sexuales, y este fruto se caracteriza por tener un alto contenido en aminoácidos que hacen subir la libido.

La fresa partida por la mitad a lo largo es parecida a los dientes, y es una fruta relacionada con la salud dental y de las encías que, además, se dice que ayuda a blanquear los dientes. La forma del aguacate recuerda a la del útero, y sabemos que es una fruta que tiene mucho ácido fólico y tarda en «gestarse» o madurar los mismos meses que un bebé. La raíz del jengibre se parece al aparato digestivo y, de hecho, en Medicina Tradicional China se utiliza para prevenir vómitos, náuseas, dolores de estómago e inflamaciones. Y también tenemos las naranjas, que se parecen a la forma de las glándulas mamarias, a las que favorecen porque ayudan a drenar el sistema linfático, y además contienen unas sustancias fitoquímicas llamadas «limonoides» que es posible que contribuyan a la inhibición del desarrollo de las células cancerígenas en los pechos femeninos.

No juzgues a los otros ni a ti mismo.
Sé simplemente curioso, amable y compasivo.
No critiques y enfoca tus pensamientos en todo lo positivo
que tienen los otros y tú mismo. La vida es cuestión
de actitud y de los ojos con que la miramos.

Compota crudivegana de pera, manzana y cacao

Ya se sabe que estos frutos secos contienen altas dosis de ácidos grasos Omega 3, 6 y 9, que favorecen el desarrollo de neuronas transmisoras que potencian la salud del cerebro. Incluso se dice que ayudan a combatir enfermedades como la demencia y el alzhéimer.

INGREDIENTES

2 peras *
2 manzanas *
2 dátiles *
20 ml de agua de calidad *
2 cucharadas de nueces troceadas *
1 cucharada de nibs de cacao *
1 cucharada de canela en polvo *
1 cucharada de jengibre en polvo (opcional) *

PREPARACIÓN

* En el procesador de alimentos triturar una pera, una manzana y los dos dátiles junto con un poquito de agua (muy poca).
* Mientras tanto, trocear la otra pera y la manzana.
* Trocear nueces hasta obtener unas 2 cucharadas.
* Verter la base de la compota de manzana en un bol.
* Añadir por encima la manzana y la pera troceada, las nueces y los nibs de cacao.
* Espolvorear la canela en polvo, añadiendo más cantidad si lo deseas, y es opcional añadir también un poco de jengibre en polvo.

Batido

Si al preparar el batido te das cuenta de que no es suficientemente dulce para ti, le puedes añadir un poco de estevia de calidad.
Los dátiles, en esta receta que lleva fresas, que es una fruta ácida, no serían tan adecuados por lo de la combinación de frutas dulces con ácidas.

FRUTAS DE TEMPORADA

Incluso, si queremos preparar esta receta cuando las fresas aún no sean de temporada, es mejor comprarlas congeladas ecológicas que frescas en cualquier otro sitio. Puedes comprar bastante cantidad cuando estén en temporada y congelarlas para prepararte esta receta más adelante.

Aunque tampoco es muy aconsejable comer una fruta en una estación del año muy alejada de la suya, ya que precisamente nos la da la naturaleza en aquel momento del año por los beneficios que aporta a nuestro organismo. Podemos cambiar entonces la fresa por otra fruta de la estación.

Lee o mira vídeos o películas de gente que te inspire
para tu crecimiento personal. En ningún caso
lo hagas para compararte, es sólo para que te ayude
a empoderarte hacia tu propio camino espiritual,
de autoconocimiento, de superación, de transformación
o de sanación. Serán tu guía, tu fuente de inspiración,
tus maestros y tus acompañantes si sientes
que vibráis en la misma frecuencia.

Batido de fresas y coco

Las fresas son una de las frutas que sólo debemos consumir si son ecológicas, porque las convencionales tienen muchos pesticidas, funguicidas y herbicidas.

INGREDIENTES

Para la base

250 g de fresas frescas o congeladas *

1 taza de lechuga *

20 g de menta fresca *

2 cucharadas de fresa en polvo *

2 cucharadas de semillas de chía *

250 ml de bebida vegetal de almendras* *

125 ml de agua de coco *

PREPARACIÓN

Para el batido

* Batir todos los ingredientes y ¡listo!

*Para la bebida vegetal de almendras

* Lo mismo que con la bebida vegetal de anacardos pero filtrándola. Es decir, dejar una taza de almendras en remojo toda la noche, por la mañana eliminar el agua y enjuagar y batir las almendras junto con 3 o 4 tazas de agua de calidad.

* Finalmente, sólo es necesario filtrar la bebida con la ayuda de una bolsa especial para ello, o una malla, un colador o una chufamix.

Porridge

Lo más importante de esta receta es que el boniato
sea de temporada porque, de lo contrario, o no lo encontrarás
o si lo haces éste no tendrá casi sabor. Si quieres preparar el porridge
en verano, tienes calabaza (sí, hay calabazas en verano).
Y si quieres potenciar el sabor puedes añadirle más canela o alguna
otra especie que te guste, como, por ejemplo, anís estrellado.

EL BONIATO TIENE PROPIEDADES MUY INTERESANTES

El boniato tiene propiedades muy intere-
santes. Ayuda a desintoxicar el hígado, por
ejemplo. También tiene un efecto preventivo
sobre el cáncer, gracias a los betacarotenos
que contiene y que vemos gracias a su color
naranja. Es un aliado de la salud ocular y
de la piel. Refuerza el sistema digestivo
y, gracias a su sabor dulce y que es un hi-
drato de carbono, ayuda a reducir o eliminar
el deseo de dulces, carbohidratos refinados
y a saciar el hambre emocional. Además, es
rico en vitaminas C, E y ácido fólico.

También lo podemos hacer al horno, que,
aunque no es tan saludable para las propiedades que tiene, es cuando nos puede
incluso llegar a quedar caramelizado (iy
está delicioso!). Lo que no es buena idea es
freírlo, porque es en este estilo de cocción
cuando pueden aparecer unas sustancias
llamadas «acrilamidas», que son potencial-
mente cancerígenas.

Conócete a ti mismo para encontrar tu propósito
y vivir tu vida como la desees. No dejes que nadie
te diga cómo eres tú, o lo que tienes que comer
o lo que debes hacer. Nadie como tú sabe mejor qué
te conviene, qué has venido a hacer en esta vida
y qué es lo que te hace ser feliz y encontrarte bien física,
emocional y mentalmente. No me cansaré de repetirte
que tomar consciencia de las cosas para llegar
al autoconocimiento es la clave para todo.

Porridge de avena y boniato

Como curiosidad, es importante saber que la mejor manera de cocinar el boniato es hervido o al vapor durante 20 minutos, ya que de esta manera se conserva mejor el agua que contiene.

INGREDIENTES PARA 2 PERSONAS

1 boniato grande* *

70 g de copos de avena certificada sin gluten *

35 g de zanahoria cruda rallada *

250 ml de bebida de arroz y coco *

250 ml de agua de calidad *

1 cucharada de canela *

1 cucharada de aceite de coco *

Para el topping

Semillas de calabaza *

Piñones *

PREPARACIÓN

Para la base

* *Pelar el boniato y trocearlo. Ponerlo en una bandeja al horno a 180 °C durante 40 minutos con dos cucharaditas de aceite de coco, una de canela y una pizca de sal.

* Una vez el boniato ya esté asado, aplastarlo con un tenedor hasta hacerlo puré.

* En un cazo añadir el boniato, la avena, la zanahoria rallada, la bebida de arroz y coco, el agua de calidad y la canela. A fuego lento dejar que se cueza durante 10 minutos, removiendo para que no se pegue.

* Añadimos el aceite de coco y mezclamos.

* Y ¡listo para añadir los toppings y disfrutarlo una mañana fría de otoño o invierno!

Zumo

Este desayuno de hoy es ligero para esos días en los que la noche anterior hemos salido a cenar, y por la mañana nos levantamos tarde y nos apetece ofrecerle algo saludable a nuestro organismo pero sin excedernos demasiado porque, además, quizá no tardemos en comer o hacer un *brunch*.
Cuando hacemos un zumo que lleva tomate, la textura queda muy diferente a cuando lo preparamos con cualquier otro tipo de fruta.
Personalmente, este zumo me sorprendió mucho la primera vez que lo hice precisamente por esto. ¡Ya verás cuando lo pruebes!

ESTE DESAYUNO DE HOY ES LIGERO

El tomate, aunque lo usemos como una verdura, es un fruto carnoso, una baya. Se considera un alimento que puede prevenir el cáncer gracias a dos potentes antioxidantes que abundan en él, que son el glutatión y el licopeno. Aunque, para que se active más el licopeno, el tomate debe estar cocinado, y mejor aún si se mezcla con aceite de oliva de primera presión en frío ecológico. Las personas con problemas de gastritis, acidez de estómago o úlcera péptica es mejor que no tomen tomate porque les puede irritar la mucosa gástrica.

Por otra parte, el tomate es una solanácea (junto con las berenjenas, las patatas y los pimientos), y no se recomienda a personas que tienen inflamaciones de los huesos o articulaciones o a mujeres durante la menopausia, porque puede generar una acumulación de solanina en las articulaciones, desmineralizar los huesos y favorecer la inflamación. Tampoco sería recomendable para personas que siguen una dieta baja en histamina. Para ellas, una alternativa sería sustituir el tomate por remolacha o zanahoria, por ejemplo.

Canta, baila, suéltate, sonríe y disfruta de los placeres que te gustan y te hacen estar presente.

Zumo de tomate, apio y perejil

Este zumo es ideal para las personas que por algún motivo no pueden tomar fruta, o que no la pueden añadir a los zumos verdes por seguir una dieta muy baja en azúcares.

INGREDIENTES

Para la base

4 tomates grandes *

Un manojo de perejil *

3 tallos de apio *

Para el topping

Un poco de apio cortado muy finito *

Pimienta negra *

Cúrcuma en polvo *

PREPARACIÓN

* Lavar bien los ingredientes y cortarlos a trozos para que entren por el orificio del extractor de zumos.

* El apio es mejor cortarlo a trozos pequeños y en diagonal.

* Servir en un vaso y añadir los toppings al gusto.

semana 4

Batido

Hay una temporada del año, más o menos en el cambio
de estación de invierno a primavera, en la que me apetece mucho beber
batidos verdes con cítricos, sobre todo la naranja, y frutas del bosque.
A veces estas últimas las pongo deshidratadas en lugar de congeladas,
y otras veces, frescas, o bien lo combino todo.

VOLVEMOS A UNO DE MIS DESAYUNOS FAVORITOS

Si usas kale para esta receta, es importante que no le añadas el tronco y la parte muy fibrosa; pero no tires estas partes, las puedes guardar para cortarlas bien pequeñitas y añadirlas a cualquiera de los dos zumos verdes que hay en este libro. En la alimentación SEN no desaprovechamos nada. Tienes la receta de «Pudín de chía verde», que tiene como base del pudín una receta de zumo verde a partir de la cual aprendes a hacer variaciones. Así que le puedes añadir perfectamente los troncos de la kale, y también la receta de zumo verde de tomate, perejil y apio.

La idea es que en el zumo haya sólo una pieza de fruta de bajo índice glucémico y mucha verdura de hoja verde, así que la kale y su tronco son siempre bienvenidos. Volviendo a la receta de hoy, le podrías añadir un poquito de limón. Yo no lo hago si uso frutas del bosque deshidratadas, por ejemplo, porque ya sólo con éstas a veces al beber el zumo me da dentera.

Vive el presente, el «aquí y ahora».
Intenta no «pre-ocuparte» por las cosas
que te distraen del presente. Cuando caigas
en la trampa de tu mente, reenfócate en querer
volver al presente. Puedes volver a él respirando,
meditando o encontrando aquello que a ti personalmente
te funciona, como por ejemplo cocinar, andar, pintar,
dibujar, limpiar, andar descalzo o abrazar un árbol.

Batido verde de naranja y repollo

Si quieres hacerte este batido en temporada que ya no haya naranja, puedes sustituirla con piña o pera, por ejemplo.
Y, para la verdura de hoja verde, como siempre ya sabes que puedes cambiarla por apio, lechuga, espinacas, acelgas, bok choi, hojas de remolacha o de zanahoria, rúcula, canónigos, etc.

INGREDIENTES

1 naranja *

180 g de frutas del bosque congeladas *

100 g de repollo *

1 cucharada de semillas de sésamo *

½ cucharada de estevia ecológica liofilizada en polvo *

1 taza de agua de calidad *

PREPARACIÓN

* Batir todos los ingredientes.

¡A disfrutar!

Pudín

Para preparar la base de esta receta, que es un zumo verde,
necesitas una pieza de fruta de bajo índice glucémico, como la manzana,
y mucha verdura de hoja verde. Además, verduras como el apio
y el pepino ayudan a que te quede más líquido.

UN SUPERDESAYUNO COMPLETÍSIMO

Al añadirle las semillas de chía y convertirlo
en un pudín junto con los toppings, ya no
es un desayuno depurativo para alargar el
ayuno de la noche, sino que se convierte
en una interesante propuesta para benefi-
ciarnos de la cantidad de hoja verde que
le ponemos al zumo. Los aceites grasos
Omega, grasa saludable, proteína y fibra de
las semillas de chía que nos sacian durante
horas; las frutas que añadimos de topping,
en este caso moras negras y plátano, y la
cucharada de crema de macadamia crudivegana, que nos da un aporte extra de
grasas saludables.

Es un superdesayuno completísimo, muy
saludable, energético y nutritivo. Puedes
hacer tu propia versión del zumo, cambiar
los toppings y hacerlo más o menos ligero
dependiendo de tu hambre, tu actividad física y tus necesidades en general.

No sólo nos alimentamos con comida, también nos nutrimos de alimentos primarios, que son las relaciones con nosotros mismos y con los demás, el ejercicio físico, la espiritualidad y tener un trabajo que nos apasione. Encontrar nuestro propósito, saber para qué hemos venido a atestiguar la vida, nos sirve para alinearnos y trabajar en aquello que realmente hemos venido a hacer. Una vez escuché a un psicólogo, Rafael Santandreu, que decía que no es necesario trabajar, tan sólo lo es tener comida y un lugar donde dormir, y que, por lo tanto, si decidimos trabajar debemos afrontar el trabajo como si fuera un juego y pasarlo bien. Encontrar aquello que nos guste tanto que no lo sintamos como un trabajo o un gran esfuerzo nos hace sentir mucho más conectados con nosotros mismos y, en definitiva, más contentos. Revisa, pregúntate si eres feliz con tu trabajo, si es aquello que te apasiona y que está alineado con tu propósito de vida.

Pudin de chía verde

Para elaborar este desayuno necesitamos un extractor
de zumos de prensado en frío para hacer el zumo,
que es el que nos asegurará que no calentemos la fruta y la verdura
y por lo tanto se mantengan intactas sus vitaminas.

INGREDIENTES

1 manzana *

4 hojas de col rizada o kale *

4 ramas de apio *

½ pepino *

3 cucharadas de semillas de chía *

Un trozo de jengibre *
(del tamaño de la uña del dedo pulgar)

Para el topping

1 cucharada de moras negras *

½ plátano cortado a trocitos *

1 cucharada de crema de macadamia crudivegana *

PREPARACIÓN

* Lavar bien las verduras y la fruta
y cortarlas a trozos para que entren
por el orificio del extractor de zumos.

* Al ser verduras y frutas ecológicas
no es necesario quitarles la piel.

* El apio es mejor cortarlo a trozos pequeños
y en diagonal.

* Ir introduciendo las frutas y verduras
alternando las verduras con más fibra
con las más acuosas, como el pepino,
dejando un poco para el final para que éstas
arrastren los restos de los otros alimentos.

* En un recipiente que se pueda cerrar,
verter el zumo (aproximadamente la cantidad
de un vaso) y añadir las semillas de chía.

* Cerrar el recipiente y dejarlo en la nevera
toda la noche.

* Por la mañana añadir los toppings y ¡a disfrutar!

Batido

De las propiedades del paraguayo podemos destacar
que es rico en carotenos, que le da propiedades antioxidantes
y favorece la salud de la piel, la vista y los dientes. Se le asocia también
la capacidad de ayudar a prevenir estados de ansiedad y estrés.

ALTA CONCENTRACIÓN DE NUTRIENTES

Su alta concentración de nutrientes hace que al consumirlos nos sintamos saciados, y, sumado al sabor tan dulce que tienen, nos ayuda a eliminar los antojos por alimentos dulces poco saludables.

Es una fruta que gusta mucho, precisamente porque es dulce, y hay que consumirla sin demora si la tenemos fuera de la nevera porque se estropea rápido. Si la compramos madura, lo mejor es guardarla directamente en la nevera, y así la tenemos fresquita para añadirla a los batidos verdes y a esta receta en particular.

Si necesitas endulzar más esta receta, lo puedes hacer ya sea con un dátil o con un poquito de estevia liofilizada ecológica en polvo o con unas hojitas de estevia fresca o seca. Lo más importante respecto a la estevia es que no la compres de color blanco ni en formato de líquido transparente. La estevia es una planta, de color verde, así que para consumirla en un estado lo más natural posible la que uses debe tener el mismo color.

Haz afirmaciones positivas. En mi primer libro ya hablé de este tema y te proponía dos ejercicios para practicarlas. Lo recomiendo muchísimo porque he podido comprobar en mí misma los grandes beneficios de incorporar esto a mi vida. Para hacer afirmaciones positivas eficaces, éstas deben escribirse en primera persona; estar orientadas a conseguir unos objetivos; estar escritas como si ya las hubieras alcanzado (recuerda el poder de las visualizaciones) en lugar de usar el condicional; repetirlas con frecuencia, decirlas en voz alta, y escribirlas en un papel. Por ejemplo: «Tengo la vida que deseo», «Me quiero y me respeto», «Todo es perfecto tal y como es», «Soy feliz», o «Trabajo en aquello que me apasiona».

Batido verde de paraguayos en un bol

El paraguayo es una fruta de verano, resultado de una mutación del melocotón, al igual que las nectarinas. España es en la actualidad uno de los países que producen esta fruta, y las zonas de mayor cultivo son Murcia, Lérida y Aragón.

INGREDIENTES

Para la base

5 paraguayos *

100 g de lechuga *

10 g de menta *

10 g de albahaca *

1 cucharada de semillas de chía *

1 cucharada de estevia liofilizada * en polvo ecológica o 1 dátil

150 ml de agua de calidad *

Para el topping

Trozos de paraguayo fresco *

1 cucharada de semillas de cáñamo *

PREPARACIÓN

* Batir todos los ingredientes de la base.

* Servir con los toppings.

Cereales

Con este tipo de recetas empecé yo mi transición hacia
una alimentación SEN. Yo venía de desayunar dos kiwis, una tostada
de pan de molde de kamut ecológico con mermelada también
ecológica sin azúcar y un yogur desnatado edulcorado, cuando de repente
me apunté a un curso de cocina energética y me dijeron que
ese desayuno no era nada saludable y que debía comer porridge.

RECORDEMOS QUE LOS DESAYUNOS TIENEN QUE HIDRATARNOS

Y a mí los porridges que nos enseñaban a preparar ni me gustaban ni me sentaban bien. No eran ni dulces ni salados, tenían pasas mezcladas con el cereal, limón, canela… ¡Buf! Me resultaba muy desagradable desayunar algo así. Y si algo tenía claro es que no quería comer cosas que no me gustaran. Toda mi vida batallando para tener una relación sana y de amor con la comida, ¿y lo iba a tirar por la borda por desayunar algo muy desagradable para mí? ¡Estaba claro que no! Así que empecé a probar y di con la clave. Si lo que era «bueno» era desayunar cereales sin gluten hervidos, lo haría en versión salada, sin fruta mezclada y sin bebidas vegetales.

El secreto para un desayuno de un estilo más «macrobiótico» a base de cereal hervido es que éste haya sido cocinado con bastante agua de calidad. Recordemos que los desayunos tienen que hidratarnos y no deberían ser muy pesados, así que, en el caso del cereal, lo que hacemos es incrementar mucho la cantidad de agua usada para hervir con respecto a cuando lo cocinamos para ser consumido como almuerzo. La proporción que yo encontré que más me gustaba era la de 1 taza de cereal por 4 o incluso 6 tazas de agua. Cuanta más agua le pongamos, más tarda en cocinarse y más pastoso e hidratado queda el grano. Como me parecía que comer sólo cereal con las semillas se quedaba corto desde un punto de vista nutritivo, le empecé a añadir hoja verde en crudo o escaldada. Perejil casi siempre, cilantro, rúcula o canónigos, y en otoño e invierno también, muy a menudo, col escaldada unos segundos.

Mantén los ritmos y horarios del reloj biológico
para comer, hacer ejercicio y dormir. Cenar más tarde
de las nueve de la noche no beneficia tu salud,
irte a dormir de madrugada tampoco, y si haces ejercicio
demasiado tarde puede que te active y te cueste dormirte.
Nuestro cuerpo está perfectamente diseñado para
funcionar de una manera, no vayas contra su naturaleza
si quieres sentirte con energía y salud.

Cereales con chucrut

Las semillas de calabaza las puedes consumir al natural, tostadas en una sartén con vinagre de umeboshi o activadas, es decir, remojadas en agua de calidad unas 12 horas (aunque hay quien dice que deben ser 24) y después deshidratadas. Lo mismo ocurre con las semillas de girasol, por ejemplo.

INGREDIENTES

½ taza de trigo sarraceno ecológico *

½ taza de quinoa ecológica *

6 tazas de agua de calidad *

1 cucharada de chucrut *

1 cucharada de semillas de calabaza *

Perejil fresco ecológico *

Sal marina sin refinar *

PREPARACIÓN

* Poner el agua a hervir.

* Lavar varias veces el trigo sarraceno y la quinoa.

* Cuando el agua hierva, añadir la sal y el cereal.

* Cuando haya alcanzado otra vez el máximo hervor, bajar el fuego al mínimo y dejar cocer 1 hora.

* Pasados 60 minutos, mirar si el cereal ya ha absorbido toda el agua; si aún le queda agua, dejar que se cueza más rato hasta que se haya acabado de absorber.

* Emplatar con un poquito de chucrut, perejil y semillas de calabaza.

Bolitas de cacao

Me encantan estas bolitas energéticas por muchos motivos.
Porque son muy fáciles de preparar, se necesitan pocos ingredientes,
las preparas un día y te aguantan en la nevera muchísimo tiempo,
son pequeñas y cada persona puede escoger si quiere más o menos.
En definitiva, que permiten muchas variaciones
y gustan a todo el mundo.

UN CAPRICHO SALUDABLE Y ENERGÉTICO

La espirulina se puede cambiar por otro superalimento en polvo. No aconsejo la espirulina a personas que no toleran bien los excitantes, así que en ese caso se podría sustituir por hierba de trigo, maca, baobab, lúcuma o clorella, entre otros, dependiendo del sabor y la intención nutricional que se le quiera dar.

Si no quieres o no puedes consumir cacao, puedes prescindir de él o cambiarlo por polvo de algarroba. El cacao y la algarroba tienen un sabor y aspecto parecidos, pero albergan diferencias que a lo mejor te interesan.

Por ejemplo, el cacao es un excitante y la algarroba sólo es energética, y la algarroba contiene menos grasa. La algarroba tiene casi todos los aminoácidos esenciales, excepto el triptófano, es rica en proteínas, combate el estreñimiento, beneficia la flora intestinal, reduce los síntomas del síndrome premenstrual y baja los niveles de azúcar en sangre.

Abraza y ama a los animales.
Permítete sentir su amor y entregar el tuyo.
Fundirte en el amor hacia ellos y el que puedes
sentir de estos maravillosos seres hacia ti
te llena de felicidad, paz y conexión.

Bolitas de cacao, coco, dátiles y espirulina

Los toppings dan mucho juego a nivel de textura, de sabor
y también de efecto visual. Cambia mucho rebozar una trufa con coco
a hacerlo con papaya en polvo o con pistachos troceados.

INGREDIENTES

1 taza de coco rallado *

1 taza de dátiles deshuesados *
(previamente en remojo 20 minutos)

2 cucharadas grandes de cacao crudo *
o polvo de algarroba

1 cucharada de espirulina *

Posibles toppings para rebozar

Coco rallado *

Papaya en polvo *

Almendras troceadas *

Pistachos troceados *

Semillas *

PREPARACIÓN

* Triturar todos los ingredientes
  en el procesador de alimentos
  o batidora si es potente.

* Formar bolitas del tamaño que más nos guste.

* Opcionalmente, se pueden rebozar
  con coco rallado, papaya en polvo,
  almendras troceadas, pistachos troceados
  o cualquier semilla.

Batido

Esta receta, cuando la preparas por primera vez,
puede parecer muy elaborada, pero, en cuanto
tienes la pasta de cúrcuma y la horchata de chufa hechas,
se hace en un momento. Y de verdad que vale la pena,
¡porque está deliciosa! Si no fuera así, no la hubiese añadido
a este libro de recetas fáciles, prácticas y rápidas.

FÁCIL, PRÁCTICO Y RÁPIDO

Es una versión que me he inventado a partir de la leche dorada, una bebida muy conocida en la India y en la cocina ayurvédica.

Originalmente se hace con leche y algún endulzante como la miel. Yo he sustituido el lácteo por una bebida vegetal (usa la que más te guste) y la miel por un dátil.

Sé organizado, previsor y planifica tus compras. No dejes las cosas que para ti son importantes al azar. Si quieres hacer cambios en tus hábitos de alimentación, al principio deberás aprender sobre todo a ser previsor, planificar tus compras y organizar la despensa y la cocina. Todo de tal manera que esté enfocado a que tus objetivos sean más fáciles de alcanzar. Si deseas comer saludable, en tu nevera y cocina tiene que haber verdura, fruta, frutos secos, semillas, fruta deshidratada, etc. Tendrás que dedicar entre diez y veinte minutos a prepararte un *tupper* para llevar al trabajo. Si llegas tarde a casa y con mucha hambre, sé previsor y déjate algo listo para comer o incluso lleva siempre alguna pieza de fruta o frutos secos encima por si te entra el hambre voraz. Al principio puede parecerte que todo es complicado o que requiere mucho esfuerzo, pero, como ocurre con cualquier cambio, se necesita un tiempo de adaptación y más implicación o dedicación, porque no nacemos enseñados y hay cosas que tienes que aprender a hacer o acostumbrarte a otras. Cuando lo hayas integrado como un hábito, verás lo simple que es comer saludable.

Batido dorado con granola en un bol

Es una bebida muy aconsejada en dietas anticáncer, porque mezclamos en ella pimienta negra, cúrcuma y aceite, un cóctel superpotente para prevenir esta enfermedad o lidiar con ella.

INGREDIENTES

Para la pasta de cúrcuma

¼ taza de cúrcuma en polvo *

½ cucharada de pimienta negra molida *

1 cucharada de aceite de almendras *

125 ml de agua de calidad (un vaso) *

Para el batido dorado en un bol

1 taza de horchata de chufa sin azúcar *

1 dátil *

¼ cucharada de pasta de cúrcuma *

1 cucharada de maca *

1 cucharada de canela *

½ cucharada de jengibre en polvo *

1 cucharada de vainilla *

4 cucharadas de granola crudivegana *

(ver receta en el libro)

PREPARACIÓN

Para la pasta de cúrcuma

* En una olla pequeña colocar el agua, la cúrcuma y la pimienta, y poner a cocer a fuego medio.

* Agregar el aceite. El aceite es el vehículo, y la cúrcuma, el ingrediente activo. Si te queda con textura de sopa es que falta cúrcuma. Tiene que quedar una pasta.

* Apagar el fuego y reposar.

Para la bebida dorada

* En una olla poner a hervir la horchata y cuando hierva apagar el fuego y agregar la pasta de cúrcuma. Mezclar.

Para el batido dorado en un bol

* En una batidora poner la bebida dorada, el dátil, la maca, la canela, el jengibre y la vainilla.

* Triturar hasta que todo quede bien integrado.

* Si te gusta más dulce, puedes añadirle otro dátil.

* Poner 4 cucharadas de granola en un bol y añadir el batido dorado.

Creps

El teff es un cereal sin gluten procedente de África, concretamente de Etiopía. En una alimentación saludable, energética y nutritiva, es importante ir rotando los cereales y pseudocereales y no quedarse sólo con el arroz integral.

HAZ LOS CREPS FINITOS; ¡TE GUSTARÁN MÁS!

Entre las propiedades del teff están su alto contenido en fibra; que es de absorción lenta y ayuda a controlar los niveles de azúcar en sangre; que su almidón es resistente, con un efecto positivo en la salud del colon; que es rico en minerales; que nos da un aporte excelente de calcio, y que, además, nos proporciona ocho aminoácidos esenciales, en especial la lisina, que normalmente no se encuentra en los cereales. Este aporte de lisina ayuda a absorber el calcio de forma efectiva.

Si con sólo una taza de agua ves que la masa de la harina no ha quedado bastante líquida, añádele un poco más, porque de lo contrario la masa no se extenderá en la sartén. Haz los creps finitos; ite gustarán más!

Lo que sobre todo tienes que tener en cuenta en esta receta es no olvidarte de incluir alguna verdura de hoja verde, tanto en la base del crep como en el relleno. También que la salsa del relleno no sea elaborada con alimentos muy concentrados (no hacerla de legumbres, sino de verdura, como el calabacín). Y que debes cocinar el brécol al vapor o hervido sin sobrepasar en ningún caso los 5 minutos de cocción.

Recuerda que los desayunos más consistentes normalmente los comemos a media mañana o a partir de las doce del mediodía. Antes desayunamos zumos verdes, batidos verdes o fruta, por ejemplo. Y, además, son desayunos para personas con un gasto energético elevado, como niños o deportistas, o para los días que nos apetece un *brunch* o que, por algún motivo, sabemos que comeremos muy tarde o muy ligero.

Sé amable y generoso contigo mismo y con los demás.
Regala una sonrisa, una palabra bonita, un gesto cariñoso
o un abrazo cada día. Lo que das, recibes; así que el amor
que estarás dando te llegará también a ti por dos lados:
al momento lo sentirás y, además, la vida te lo devolverá.

Creps salados de teff

Si no tenemos teff, podemos usar harina de arroz integral,
de trigo sarraceno, de mijo, de quinoa o de garbanzos, por ejemplo.
Como el teff o cualquiera de estas harinas no tienen gluten,
son un poco más frágiles que las otras.

INGREDIENTES

1 taza de harina de teff *

1 taza de canónigos *

¾ taza de agua de calidad *

1 cucharada de hierbas secas al gusto *

2 cucharadas de aceite de oliva *

Aceite de coco *

Sal marina sin refinar *

Para el relleno

Canónigos frescos *

Brécol y zanahoria hervida o al vapor *

(máximo 3 minutos)

Tomates cherry *

Paté de calabacín *

PREPARACIÓN

* Mezclar la harina con las hierbas y la sal marina.

* Añadir el aceite de oliva y el agua.

* En un procesador o batidora potente triturar la harina junto con los canónigos.

* Untar una sartén o crepera con un poco de aceite de coco.

* Cuando esté caliente, poner un poco de mezcla de crep y darle forma (no debe quedar gruesa).

* Dejar 1 minuto y luego darle la vuelta y dejar cocinar entre 30 segundos y 1 minuto.

* Sacar la crep y reservarla en un plato.

* Añadir un poco más de aceite y repetir lo mismo.

Paté de calabacín

* Triturar un calabacín crudo con 1 cucharada de tahini y 1 cucharadita de paté de umeboshi.